CIBER
SEGURIDAD
PARA DIRECTIVOS

VICTOR EDUARDO DEUTSCH FRANCO

CIBER
SEGURIDAD
PARA DIRECTIVOS

MADRID | CIUDAD DE MÉXICO | BUENOS AIRES | BOGOTÁ
LONDRES | SHANGHÁI

Colección Acción Empresarial de LID Editorial
www.LIDeditorial.com

A member of:

businesspublishersroundtable.com

© Victor Eduardo Deutsch Franco 2022
© Editorial Almuzara S.L. 2022 para LID Editorial, de esta edición.

EAN-ISBN13: 978-84-11311-59-5
Directora editorial: Laura Madrigal
Corrección: Cristina Matallana
Maquetación: produccioneditorial.com
Diseño de portada: Juan Ramón Batista
Impresión: Cofás, S.A.
Depósito legal: CO-1025-2022

Impreso en España / Printed in Spain

Primera edición: junio de 2022

Te escuchamos. Escríbenos con tus sugerencias, dudas, errores que veas o lo que tú quieras. Te contestaremos, seguro: *info@lidbusinessmedia.com*

ÍNDICE

TERCERA PARTE:
EFICIENCIA

AGRADECIMIENTOS

Gracias a mis padres, quienes me inculcaron el amor por la historia, la tecnología y las letras; este libro intenta ser el resultado de la convergencia de estas tres disciplinas. Gracias a mi esposa Verónica y a mis hijos, Felicitas y Beltrán, por su apoyo. Gracias también a los grandes profesores que conocí a lo largo de mi carrera, como Rodolfo Jáuregui, Eduardo Poggi, Carlos Portela, Fernando Cortiñas y Rubén Herskovits; a Mercedes Núñez, a su equipo del área de comunicación de Telefónica Empresas y a todos los colegas del blog de tendencias Think Big Empresas —reconocido en el Día de Internet con el premio al mejor medio de comunicación en la categoría de Transformación digital—, donde he anticipado algunas de las ideas que he desarrollado en este libro, y a Ricardo Baduell, por sus sabios consejos.

Por último, quiero expresar un agradecimiento colectivo a todos los profesionales de marketing y ventas de Telefónica Empresas en España, de los que he aprendido muchísimo, especialmente acompañando a sus gestores comerciales en el contacto directo con los clientes. Ellos son la mejor fuerza comercial del mundo.

INTRODUCCIÓN

En la actualidad cada vez son más las empresas víctimas de ciberataques que generan graves daños para el negocio y ponen en entredicho la reputación y la confianza en ellas, reduciendo considerablemente su valor. Ser vulnerable o tener una brecha de seguridad es algo que ninguna organización de cualquier tamaño se puede permitir pues en cuestión de minutos un incidente de este tipo puede bloquear su actividad, afectando incluso a clientes, proveedores o comunidades, provocando un impacto en ocasiones devastador para la organización o dificultando gravemente su recuperación. Por todo ello, la ciberseguridad o seguridad de la información ha pasado a ser una de las grandes preocupaciones de los directivos de empresas.

Para las compañías hay un mercado de miles de millones de personas y organizaciones conectadas a Internet que demandan nuevos servicios digitales. Los administradores públicos también perciben la exigencia de los ciudadanos de más modernos y mejores servicios digitales. Pero este proceso de transformación digital se asienta en la información, así como en la forma en la que esta fluye a través las redes de comunicaciones y se procesa por medio de aplicaciones. Por eso, esta preocupación por la seguridad de la información resulta bastante lógica. Entre otras cosas, los activos físicos se transforman en activos digitales y aparecen nuevos activos intangibles que hay que proteger (*software,* datos, etc.).

Según un estudio del Foro Económico Mundial[1], el 81 % de los directivos de empresa piensan que la transformación digital es el principal motivo para mejorar la *ciberresiliencia,* entendiendo esta como la capacidad de las organizaciones para soportar contingencias relacionadas con la ciberseguridad. Además, el 87 % de la misma muestra tiene la intención de establecer objetivos de mejora.

Esta preocupación es creciente. En la encuesta Global Risk Management Survey, llevada a cabo en 2017 por la aseguradora AON entre dos mil directivos de empresa de todo el mundo, la ciberseguridad aparecía en quinto lugar entre los riesgos que afrontan las compañías. Pero en 2021 el mismo estudio[2] revela que el riesgo de «ciberataques y fugas de información» sube hasta el primer puesto en la valoración de los ejecutivos, por encima incluso de la «interrupción del negocio» —un riesgo fuertemente influido por la pandemia— y del riesgo de sufrir una ralentización del crecimiento económico.

Desde la perspectiva de la gestión de una empresa, administrar la seguridad equivale a administrar los riesgos que amenazan sus recursos, sean estos personas, materiales o intangibles, como la propiedad intelectual, la reputación o la marca. Sin embargo, según mi propia experiencia, aunque la mayoría de los gerentes y directivos de empresas entienden, analizan y toman decisiones con bastante confianza en el ámbito de la gestión de riesgos tradicionales, se sienten bastante inseguros en el terreno de la ciberseguridad, hasta tal punto que muchas veces no solo delegan esta responsabilidad en especialistas internos o externos, sino que además llegan a depender de ellos.

Esto se debe a nuestra formación, ya que la mayor parte de nosotros crecimos en una cultura en la que los activos que se tenían que proteger de una empresa eran físicos: bienes de uso, materias primas e insumos o dinero en efectivo, para los que existen controles y medidas de seguridad desde hace cientos de años; tantos, que ya forman parte de nuestro sentido común.

Las universidades que forman a los directivos de las empresas (administradores, ingenieros y abogados) suelen capacitarlos muy bien para la gestión de aspectos legales y regulatorios, controles internos y procesos de auditoría, pero la formación en los aspectos diferenciales de seguridad de la información es apenas incipiente.

Nadie nos ha preparado para la protección de activos digitales como líneas de código de *software,* datos de usuarios, billeteras virtuales o criptomonedas. Ni para los miles de intentos de fraude que se producen en Internet todos los días. Quizás la nueva generación nativa digital que se está formando hoy en las escuelas incorpore ya ese acervo, aunque posiblemente tarde décadas en alcanzar el grado de conocimiento existente en la actualidad sobre los riesgos tradicionales.

Al directivo actual le queda el recurso de la autoformación. Hay mucha y muy buena bibliografía sobre ciberseguridad, si bien generalmente está dirigida a profesionales de tecnología de la información (IT) y a los especialistas que colaboran con organizaciones públicas y privadas, de modo que se exige como prerrequisito un conocimiento avanzado de informática, incluyendo sistemas operativos, redes y protocolos de datos y conceptos de desarrollo de *software.*

Este libro pretende ayudar al directivo, sin imponerle la necesidad de contar con una formación específica en IT, a conocer, valorar y tomar decisiones acerca de los riesgos de ciberseguridad a los que se enfrenta una compañía en la tercera década del siglo XXI y a establecer diferentes medidas de control.

El objetivo de *Ciberseguridad para directivos* no es dar respuesta a todos los problemas ni una receta para resolverlos, sino ofrecer herramientas para que los directivos puedan analizar y tomar decisiones de ciberseguridad a alto nivel desde su posición de gestores.

En estas páginas sugiero un modelo que permite abordar el problema de forma estructurada y sin dejar cabos sueltos. En la mayoría de los casos, para ilustrar las distintas alternativas, pongo ejemplos del mundo no virtual, así como de experiencias reales propias.

El libro se divide en tres partes: Riesgos, Control y Eficiencia. En la primera analizo la naturaleza de los riesgos y amenazas que debe considerar un directivo de empresa, incluyendo el nuevo factor que representan las redes sociales.

En esta parte, la mayoría de los cursos y textos introductorios sobre riesgos en ciberseguridad se estructuran de acuerdo con la tipología de los distintos ataques o amenazas posibles (virus, *ransomware* y DDoS —que definiré más adelante—) o según sus diferentes fuentes (correo electrónico, navegación por Internet y otros). Como este es un texto enfocado a directivos que no tienen necesidad de conocer los detalles técnicos de estos ataques, lo he estructurado según las consecuencias o el impacto de las amenazas en la empresa.

Desde ese punto de vista, nuestro primer riesgo es el de caer víctimas del marketing del miedo, es decir, huir de los cambios que se producen en la economía digital por las terribles consecuencias que algunos sostienen que nos esperan; o caer víctimas de la impotencia y considerar que, como administradores, no podemos gestionar un área tan especializada.

Luego analizaré las amenazas más directas al patrimonio y a la cuenta de resultados de la empresa, detallando una serie de situaciones de riesgo previsibles cuando la compañía se interna en la economía digital.

Pero quizás lo más importante es el capítulo dedicado a exponer cómo la manera errónea de encarar las situaciones de crisis que resultan imprevisibles puede llegar a ser la peor amenaza para una organización al afectar a su reputación, a su credibilidad e incluso a la sociedad en su conjunto.

En la segunda parte se estudian los controles de seguridad informática en las empresas, advirtiendo que el nuevo perímetro de actuación excede las fronteras de las redes internas y se adentra en el ámbito de las aplicaciones en la nube y de todos los dispositivos conectados a Internet.

Pero para empezar a desgranar las diferentes medidas de control de riesgo, es necesario comenzar por hacer un poco de historia sobre la evolución de la IT y explicar el origen de algunas hasta llegar a la época actual.

A partir de allí, inevitablemente se clasifican los controles según la vieja teoría de sistemas: la forma en la que la información fluye dentro de una organización. Según este modelo, hay dos tipos de datos: en movimiento y estáticos. Simplificando, se puede decir que históricamente el mayor riesgo que corría la información se hallaba cuando estaba «en movimiento». Era más fácil proteger los recintos donde se protegían los registros (físicos o virtuales) con medidas de control de acceso permanentes. Pero cualquier dato que saliera de allí requería unas medidas especiales de protección que no siempre se podían garantizar en todo el trayecto. Por eso separo esta problemática en el capítulo «Seguridad en las redes de comunicación».

En el siguiente capítulo de esta parte abordo la seguridad de la información «estática», los almacenamientos de datos y sistemas, poniendo el foco en las pymes, dado que sus particularidades lo requieren. España es un país de pymes y su prosperidad es buena para la economía en general, además de que ejercen muchas actividades complementarias de las grandes organizaciones y se integran en su cadena productiva.

El último capítulo de esta segunda parte lo dedico a los controles en el ámbito de las tecnologías operacionales (especialmente en la industria), un área que tradicionalmente se desarrolló en paralelo con las tecnologías de la información y que actualmente, con el paradigma de industria 4.0, requiere unas medidas de control de ciberseguridad que hace años hubiesen sido innecesarias.

Finalmente, en la tercera parte incluyo algunas recomendaciones para diseñar procesos de negocios seguros y una organización de ciberseguridad adecuada a las estructuras y prácticas del paradigma de la transformación digital.

Si has llegado hasta aquí, se supone que tienes consciencia de los riesgos y que tomas decisiones empresariales para mantenerlos controlados. Con esto habrás hecho lo correcto, como dijo Peter Drucker, el analista más prestigioso en la gestión y dirección de empresas en el ámbito mundial, pero la empresa pide algo más: hacerlo en forma eficiente, maximizando los resultados y optimizando los costes.

Es decir, podemos mejorar la ciberseguridad en un orden de magnitud con grandes inversiones y un alto coste operacional, pero al precio de privar de recursos a la organización en áreas donde son necesarios para crecer y desarrollarse. Al fin y al cabo, la ciberseguridad, considerada dentro de la cadena de valor de Porter, en la mayoría de las compañías es un proceso de soporte, no forma parte del proceso central (aunque esto sería discutible en las compañías que venden confianza, como las del sector financiero).

A continuación proporciono herramientas que pueden ayudar al administrador a mejorar la eficiencia de sus procesos de ciberseguridad y analizo las principales funciones de seguridad en la empresa y las estructuras de recursos que normalmente se ocupan de ellas.

En los siguientes capítulos se expone el modelo de organización de IT que mejor se adapta a los tiempos actuales y que permitirá alcanzar el mejor uso de los recursos y cómo encaja la organización con el modelo de gestión de ciberseguridad propuesto.

Para terminar, he incluido un apartado con las principales conclusiones y recomendaciones que deben tener en cuenta los administradores que decidan aventurarse en la ciberseguridad y un anexo documental en el que detallo algunos elementos que son importantes para el directivo: los estándares de seguridad, las autoridades y la normativa en España y las implicaciones del Reglamento General de Protección de Datos.

El libro está pensado para aquellos profesionales que no se dedican a la ciberseguridad pero sí son responsables de organizaciones y de su continuidad, por lo que está escrito con un lenguaje sencillo, alejado de tecnicismos, para que sea fácilmente asimilable y aplicable.

Espero que te sirva de utilidad para mantener a salvo y blindar la seguridad de tu empresa, sus sistemas y su información y la de tus clientes.

PRIMERA PARTE
RIESGOS

«La conciencia del peligro es ya la mitad
de la seguridad y de la salvación».

Ramón J. Sénder (1902-1982),
escritor español

1
EL MARKETING DEL MIEDO

1. «Algunos ya no estarán con nosotros»

En 2009, en plena pandemia global de la gripe A, una empresa far-macéutica líder nos convocó para presentarnos su propuesta de aten-ción a la crisis. En síntesis, se trataba de que comprásemos miles de dosis de antivirales para proteger a los empleados que ocupaban po-siciones críticas. Gracias a esto, según sugerían los representantes, aun en el punto máximo de infección, nuestra empresa podría seguir funcionando y brindando su servicio al público como infraestructura crítica. Eso sí, pasado ese punto, al ir retomando la actividad normal, nos advirtieron: «algunos ya no estarán con nosotros».

Los asistentes a la reunión, mandos medios de la organización, nos miramos nerviosos. Uno comentó que apenas saliera de la ofi-cina pensaba pasar por la farmacia para comprar antivirales para toda su familia. Visto desde 2022, esto parece sacado de una novela de anticipación, pero no lo es tanto. Veníamos de años hablando del SARS, de la gripe porcina y, finalmente, de la gripe aviar. La técnica de marketing que utilizaba el comercial de la compañía farmacéutica tampoco era tan novedosa.

El marketing del miedo *(fear-based marketing)* es bastante frecuente. No solo en el marketing político (quizás el caso más evidente), sino en muchos negocios. El caso mencionado anteriormente, relativo a la sanidad, es extremo e impactante, pero refleja un modo de hacer bastante habitual en algunos sectores. El de los seguros es uno de ellos, pero los mismos procedimientos se usan en el financiero, en la automoción, en la seguridad privada y en otros.

Nuestro cerebro está condicionado para reaccionar rápidamente ante una amenaza. El miedo es una de nuestras emociones básicas y, sin duda, nos lleva a tomar muchas decisiones. Es casi inevitable que se utilice como una herramienta de marketing, especialmente en los sectores que venden productos o servicios que afectan a nuestra seguridad en cualquiera de los sentidos, desde nuestra integridad física hasta nuestro deseo de tranquilidad *(peace of mind)*.

Actualmente muchos de los informes, noticias y reportajes referidos a los riesgos de ciberseguridad que leemos —y no solo publicidad— pueden darnos la sensación de estar ante este mismo tipo de campaña de marketing del miedo. He aquí algunos ejemplos de afirmaciones publicadas por la prensa:

«El 75 % de las organizaciones se encuentran en alto riesgo de sufrir un ciberataque, según un estudio».
La Razón, 29 de junio de 2016, basado en un estudio de RSA.

«Un gran número de empresas se encuentran en un estado de alto riesgo frente a cualquier tipo de ciberataque».
ABC, 25 de septiembre de 2017.

«Los ciberataques mueven ya más dinero que el narcotráfico».
Computing, 23 de junio de 2021.

«España, el país con más ciberataques recibidos: sufrió 51 000 millones el pasado año».
El Español, 17 de febrero de 2022.

Esto no quiere decir que los estudios que citan los medios de comunicación proporcionen datos falsos, pero habría que analizarlos, como se hace con las encuestas electorales, en el contexto en el que se extraen y contrastarlos con otras fuentes. La prensa es neutral: los estudios mencionados son noticias relevantes y ella se limita a reproducirlos y comentarlos; se trata solo de uno de los vehículos de este tipo de acciones.

El problema del marketing del miedo es que beneficia a los sectores que lo realizan a corto plazo, pero puede tener efectos colaterales a largo plazo. Por ejemplo, si una empresa de seguros hace una campaña muy agresiva sobre los accidentes de coche, ¿puede eso afectar el mercado de automoción? O, si se hace una campaña muy agresiva sobre los riesgos en el ciberespacio, ¿afectará a la adopción de nuevas tecnologías digitales?

Entonces, ¿cuál es la situación de la ciberseguridad en España? ¿Debemos preocuparnos hasta el punto de replantearnos la adopción de tecnologías digitales en particulares y empresas? ¿Estamos entrando en una jungla sin ley con resultados impredecibles? ¿O disponemos de ciertas garantías de seguridad para movernos al menos con la misma tranquilidad que en el mundo tangible?

Afortunadamente, disponemos de muchas fuentes, algunas muy objetivas, y podemos presentar un panorama general. Una de las mejores es el informe «Ciberamenazas y tendencias», que elabora anualmente el Centro Criptológico Nacional Computer Emergency Response Team (CCN-CERT)[1].

Los datos del CCN nos brindan una visión de los incidentes que afectan a la administración pública y a todas las empresas que reciben la consideración de «infraestructura crítica». Veamos lo que nos muestran: *a priori,* el número de incidentes ha crecido más del doble entre 2015 y 2019, antes de la pandemia, pasando de 18 232 a 42 997. Podríamos estar en una situación muy preocupante.

Los incidentes críticos han bajado, en números absolutos, de 66 (0.3 %) en 2015 a 43 en 2019. Si nos remontamos a 2014, fueron 132, la tercera parte. El peso de incidentes de nivel muy alto-alto cae del 73 al 64 %. ¿Dónde se da el mayor crecimiento en el número de incidentes? En los de impacto medio-bajo, que pasan de 5962 (32.7 %) a 15 435 (35.9 %). Podemos decir que hay más cantidad de incidentes detectados —lo que puede revelar una mejor capacidad de detección— menos graves.

De eso se trata la gestión de la ciberseguridad: de gestionar los riesgos, de conseguir detectar muchos incidentes y de que las medidas implementadas sirvan para mitigar sus efectos, reduciendo el impacto en las organizaciones. Esto no es consuelo para quien sufre un incidente grave, pero un gestor, en un contexto de incertidumbre, tiene que tomar decisiones en función de los datos.

Y los datos nos dicen que la inversión en ciberseguridad funciona. Mientras crece el número de incidentes menores, las administraciones públicas y las infraestructuras críticas son cada vez más seguras y capaces de enfrentarse a las amenazas más importantes, por lo cual están mejorando aceleradamente su posición para desarrollar una transformación digital en forma segura.

¿Pero qué pasa en el ámbito de las pymes y de los autónomos? Tengamos en cuenta que en este segmento hay una correlación directa con lo que ocurre en el espacio residencial, pues muchas veces los recursos que se utilizan son los mismos (el PC para el trabajo y para casa) y existe una misma conectividad (línea fija y móvil). Este es el terreno de la concienciación: en España tanto el Instituto Nacional de Ciberseguridad (INCIBE)[2], entidad oficial específicamente creada para ese fin, como las Fuerzas y Cuerpos de seguridad del Estado han dedicado muchos recursos a concienciar al público y generar prevención.

Para ver lo que está pasando disponemos del último informe del Observatorio Nacional de Tecnología y Sociedad (ONTSI), de abril de 2020[3], que incluye una evaluación, realizada con herramientas automáticas, de las medidas de protección instaladas en nuestros ordenadores, redes y terminales móviles. Estos son los datos más relevantes:

- El 96 % de los ordenadores conectados a Internet están protegidos por mecanismos de *hardware* o *software* que los protegen de accesos no autorizados.
- El 65 % están protegidos por antivirus.
- El 100 % tienen usuarios con privilegios restringidos.
- Con muchos menos años en el mercado, la mitad de los terminales móviles Android (51 %) ya tienen instalado al menos un antivirus.
- Al menos el 65 % de los terminales Android impiden la descarga de aplicaciones de fuentes desconocidas.

Tal vez lo más preocupante sea saber que el 62 % de los ordenadores personales (PC) y un 10 % de los teléfonos móviles tienen instalado algún *malware*[4] (*software* malicioso) de alto riesgo sin que el usuario lo sepa, aunque en este sentido predominan las amenazas que pueden ocasionar menor perjuicio económico: la publicidad *online* no deseada *(adware)*.

A pesar de ser un ámbito mucho menos crítico y con grandes posibilidades de mejora, la situación no parece catastrófica ni mucho menos, pero quizás lo más importante sea la confianza de los usuarios en el uso de Internet, clave para la transformación digital. Aquí la conclusión es inequívoca: el 85 % de la población tiene confianza (de suficiente a mucha) en Internet, el 15 % poca o ninguna y alrededor del 12 % cree que la seguridad en Internet ha empeorado en los últimos años.

En resumen, España reúne las condiciones para realizar una transformación digital sin caer en el descontrol: tiene organismos profesionales especializados, fuerzas de seguridad actualizadas y empresas y población concienciadas. Hay que continuar por este camino, mantener el ritmo de inversión en infraestructuras y en campañas de educación. La «confianza digital» es un tesoro que hay que conservar y hemos de evitar ser engañados por los miles de bulos que circulan acerca de la ciberseguridad.

2. El caso Wakefield y los bulos que matan

Hace algún tiempo Mercedes Núñez, la editora del blog corporativo de Telefónica, Think Big Empresas, me propuso escribir un artículo sobre las analogías entre los virus naturales y los informáticos. Inmediatamente me acordé de una pregunta que me hicieron en un curso de usuarios de PC a principios de la década de 1990. Un alumno preguntó muy seriamente en plena clase: «¿Pueden los virus informáticos transmitirse a los humanos?». En ese momento, contar esta anécdota producía una sonrisa benévola, cuando no un estallido de carcajadas. Ahora la reacción es sustancialmente diferente, sobre todo entre los más sesudos expertos en tecnología y seguridad de la información. Incluso se publican artículos como «¿Nos puede infectar un virus informático?[5]» en periódicos de tirada nacional.

Pero ¿estamos volviéndonos locos o es realmente posible? Vamos por partes.

En general, esto tiene que ver con la tendencia a la creciente incorporación de tecnología *wearable* para el control de enfermedades crónicas (como la diabetes), la prevención o el fomento de hábitos de vida saludable (p. ej., podómetros). La ciencia médica, además, hace años que está trabajando en el desarrollo de órganos artificiales u otros dispositivos que ayudan al funcionamiento de los órganos (como los marcapasos).

Incluso algunos futurólogos hablan de que la especie humana evolucionará hacia verdaderos cíborgs: seres mitad humanos, mitad máquinas. Está de más decir que todos estos elementos se basan en tecnologías digitales. La hiperconectividad actual permite también el control o la monitorización a distancia con una simple conexión inalámbrica a Internet. Es una tendencia irrefrenable por la eficiencia que aporta al sistema sanitario: reducción del número de desplazamientos, menor dedicación de muy costosos recursos especializados y disminución de infraestructuras hospitalarias.

Pero surge la idea de que estos dispositivos digitales (no las personas) pueden ser «infectados» por un virus informático, igual que un PC, porque disponen de un procesador, almacenamiento de datos y conjuntos de instrucciones o programas actualizables y es posible el acceso remoto a través de protocolos de Internet. Además, por reducir costes, muchas veces se basan en versiones de sistemas operativos comerciales muy difundidas en lugar de otras de propósito específico. ¿Estamos condenados entonces a que estos dispositivos sean «infectables»? ¿Corremos grave peligro de que fallen con consecuencias desastrosas frente a un virus informático o, aún peor, frente al ataque de un ciberdelincuente? ¿Tenemos que renunciar al uso de estos dispositivos por estos peligros?

En relación con estas preocupaciones circulan numerosos bulos y exageraciones. Está el caso de Barnaby Jack, el famoso *hacker* neozelandés, programador y experto en seguridad informática, que anunció que había logrado controlar un marcapasos a distancia, teniendo en sus manos la capacidad de alterar su funcionamiento y, por tanto, de causar la muerte de un paciente. Desafortunadamente, nunca pudimos enterarnos de cómo logró controlar el dispositivo médico porque murió pocas horas antes de pronunciarse en una conferencia en la que iba a explicar su «original procedimiento» para advertir de estas y de otras vulnerabilidades como las que también decía haber encontrado en las bombas de insulina.

Uno puede estar tentado a no tomárselo en serio, pero estos bulos relacionados con la salud literalmente pueden matar. Aunque no por la supuesta «infección por virus informáticos», sino por el bulo en sí. Un buen ejemplo es el de los bulos antivacunas, como el de la vacuna triple vírica (VTV) en el Reino Unido en 1998.

Ese año la revista médica *The Lancet* publicó un trabajo de investigación firmado por Andrew Wakefield que afirmaba que la aplicación de la VTV (frente al sarampión, las paperas y la rubéola) tenía relación con la aparición de autismo y enfermedades gastrointestinales. Esta afirmación, a través de gacetillas y de una conferencia de prensa, llegó a periódicos tan serios como *The Guardian* y *The Independent*.

La alarma social se extendió rápidamente alimentada por Wakefield, quien presentó nuevos trabajos en 2001 y 2002, cuando se publicaron más de 1200 artículos sobre el tema. El temor creció cuando el primer ministro británico en aquel momento, Tony Blair, se negó a confirmar o desmentir si su hijo Leo había sido o no inmunizado con la vacuna, alegando que se trataba de un tema privado. A pesar de que las autoridades sanitarias presentaron otros estudios que demostraban la seguridad de la vacuna, gran parte del público no las creyó.

Como consecuencia, la tasa de vacunación de la VTV cayó del 92 al 61 % entre 1998 y 2003. El número de casos de sarampión se disparó de 56 a 449 en 2006, con una víctima fatal y dos niños que sufrieron graves secuelas, todos por falta de vacunación. Y los casos de paperas se incrementaron 37 veces hasta llegar a cinco mil en 2005. El fenómeno se extendió a países fronterizos como Irlanda, con más de mil quinientos casos y tres muertos en 2000. En 2008 el sarampión se declaró endémico en el Reino Unido.

El 22 de febrero de 2004 una investigación periodística de Brian Deer para *The Sunday Times* reveló que la investigación de Wakefield era un fraude. Algunos de los supuestos niños contagiados de autismo por la vacuna habían sido reclutados por un bufete de abogados para preparar una demanda contra los laboratorios fabricantes de la VTV (es decir, fueron elegidos porque tenían autismo antes de haber sido inoculados con la vacuna). Además, los abogados habían pagado a Wakefield 600 000 € por realizar el estudio y, peor aún, el médico había presentado una solicitud de patente para una nueva vacuna del sarampión.

Wakefield fue expulsado de la profesión y se le prohibió el ejercicio de la medicina por graves faltas éticas e ignorar conflictos de intereses. Aunque demandó a Brian Deer y a los medios que denunciaron sus actividades, los jueces fallaron en su contra y debió afrontar los costes de las demandas. Ahora es un activista antivacunas y pseudocientífico, pero el bulo de la VTV todavía hoy tiene impacto: la tasa de vacunación en el Reino Unido y en otros países no se ha recuperado aún al nivel precedente; basta comparar las cifras de vacunación contra el coronavirus con las de otros países.

Por eso es muy conveniente la prudencia antes de tachar de inseguros los dispositivos sanitarios y publicar noticias sensacionalistas. Conviene recordar que actualmente cualquier *hardware* y *software* para este uso pasa por numerosos controles de calidad por parte de las autoridades sanitarias de EE. UU. y la UE, además de los propios de la industria (hasta las aplicaciones son fiscalizadas) y los colegios profesionales de las distintas especialidades médicas.

Por supuesto, siempre puede existir un fallo, pero los protocolos actuales y las normas de diseño ciertamente son más exigentes que nunca. Muchas veces, pese a que se puede acceder al dispositivo a través de la Red (para capturar datos o alguna actualización), algunos programas delicados se construyen como un sistema aislado del sistema de acceso remoto y solo se pueden modificar con cambios en el *hardware* o en el *firmware*[6] a través de una consola local.

En definitiva, uno puede estar razonablemente seguro de que si un profesional o un equipo médico indican el uso de estos dispositivos es probablemente la mejor opción a su alcance, y siempre puede contrastarlo con la opinión de otro profesional competente.

Pero, sobre todo, es importante no creer en bulos sin contrastar la información, se trate de «tratamientos milagrosos», denuncias contra la medicina convencional o historias de dispositivos *hackeables* no verificadas. Generalmente ocultan intereses económicos o políticos o incluso patologías mentales. Contribuir a difundirlos, incluso con la mejor intención, puede tener consecuencias imprevisibles y retrasar el desarrollo de una tecnología que puede mejorar la vida de muchas personas. Lo mejor que podemos hacer es desacreditarlos, confrontándolos con la realidad[7].

2
LAS AMENAZAS AL PATRIMONIO: LOS ACTIVOS

1. Los activos en la era de Internet

Actualmente, la prensa informa con mucho detalle sobre los ciberataques más espectaculares o las catástrofes informáticas de mayor impacto que sufren las empresas. Explicar técnica y detalladamente sus aspectos tecnológicos nos distraería del objetivo fundamental para el administrador: identificar las amenazas y gestionar los riesgos, como está acostumbrado a hacer en el mundo no virtual.

Palabras como *phishing*[1], *spoofing*[2] o *code injection*[3] forman parta de la jerga habitual de los especialistas en ciberseguridad y son ininteligibles para la mayoría de los mortales, en general faltos de una sólida base de conocimiento de la arquitectura de los sistemas informáticos. Intentaremos evitarlas para explicar las amenazas a las que está expuesta cualquier organización. Para entender cómo se desarrollan los incidentes de ciberseguridad, hay que poner en claro dos elementos fundamentales:

1. **Los incidentes de ciberseguridad no se producen por un único punto de fallo, sino por una conjunción de factores** (fallos técnicos, errores humanos, intencionalidad o situaciones de catástrofe). En mi experiencia, cuanto más se profundiza en la investigación forense de un incidente, más suelen ser factores humanos y no técnicos los que se encuentran, entre ellos falta de formación y concienciación adecuada, fallos de comunicación, organizaciones disfuncionales, negligencias e imprudencias.

2. **Los incidentes intencionales se originan por los mismos motivos de carácter humano que los que ocurren en el mundo físico.** La tecnología de la información (IT) solo es un medio para alcanzar los mismos fines. Por ejemplo, al igual que en el mundo tangible, una de las principales motivaciones de los delincuentes informáticos es apoderarse del patrimonio de la empresa.

La mayoría de las metodologías y normas de ciberseguridad clasifican los riesgos o incidentes según las características técnicas del ataque. Como esta obra está dirigida a los administradores, las clasificaremos según las consecuencias económicas para la compañía. Partiendo de esta base, si se excluyen las posibles sanciones por incumplir normativa en seguridad informática y privacidad, los posibles daños económicos a la empresa se pueden resumir en dos aspectos, que son similares a aquellos a los que nos enfrentábamos antes de la aparición de la informática en las organizaciones:

1. Pérdidas patrimoniales.
2. Pérdidas por fraude o extorsión.

Analizaremos primero las pérdidas patrimoniales, que pueden afectar a activos tangibles (daños materiales) e intangibles (afectan sobre todo a la propiedad intelectual). Ambos casos pueden conllevar otros daños colaterales, como pérdidas humanas y de reputación de la compañía.

Este es un aspecto para el que estamos adecuadamente preparados cuando nos referimos a la gestión de la seguridad de los activos físicos (edificios o maquinarias). Incluso tenemos nociones muy claras acerca de las características de la protección física de los registros confidenciales de una organización por razones legales (datos de terceros) o estratégicas (fórmulas, técnicas, etc.).

Desde siempre las empresas han estado expuestas a amenazas como el espionaje industrial, la extorsión o el daño causado por empleados infieles. Los activos físicos se protegían con medidas de seguridad física (vigilancia y controles de acceso), al igual que la información confidencial (salvaguardada normalmente en papel, cajas fuertes o cámaras acorazadas). ¿Cuál es la novedad ahora? En un mundo interconectado y digital, muchos de los activos de una organización pueden verse afectados sin necesidad de romper esas medidas de control de acceso o vigilancia física simplemente accediendo a través de Internet.

Para entender esto hay que recordar la diferencia entre Internet y las antiguas redes de empresa, incluso respecto de otras redes públicas: la particularidad de Internet es que no tiene una administración central, no hay una entidad única que verifique la identidad, otorgue derechos de acceso y monitorice el comportamiento de un usuario, como se hace en las redes de empresa. Internet se basa en estándares.

Alrededor del mundo hay unos operadores *Internet Service Providers (ISP)* que se conectan con otros que utilizan unos protocolos de comunicación y un modo de direccionamiento común para que cada ubicación en la Red sea única. Para acceder a Internet contratamos el servicio a un ISP, pero está conectado con otros miles en el mundo. Al acceder a nuestro ISP, es como si nos dieran acceso a la red de todos sin tener que gestionar un usuario y una contraseña o clave de acceso *(password)* cada vez.

El «gobierno» de Internet está formado por cuerpos colegiados que fijan estos estándares comunes y aseguran un direccionamiento único. Es su única función. La seguridad no es lo suyo. Cualquier usuario puede ir a cualquier dirección libremente. Además, el número de conexiones entre los ISP crece exponencialmente dado que es posible comunicarse a través de muchos medios (cables submarinos, satélites, microondas y radioenlaces).

A diferencia de una red de empresa o pública antigua, si un cable se corta físicamente, el servicio no se ve afectado. Los mensajes simplemente se encaminan por otra vía desde el usuario hasta el punto de destino. Internet es extremadamente robusta enfrentada a fallos en la infraestructura física. Por eso no tiene sentido intervenir una línea de comunicaciones en particular. Porque, simplificando, cuando un ordenador se conecta a Internet, automáticamente se conecta a todos los otros ordenadores conectados del mundo. Sin embargo, esto plantea otros riesgos. Un mismo mensaje o instrucción pasa por decenas de lugares que no controlamos antes de que llegue a su destino (como ocurría con los mensajes retransmitidos por los operadores humanos del telégrafo). Y a veces el sitio de destino puede ser suplantado por otro creado por un delincuente o un atacante puede intentar acceder a nuestros sistemas, cuyas direcciones son «públicas» en Internet.

Debido a esto, ¿podemos quedarnos fuera de Internet? Claro, muchos sistemas aún forman parte de redes «cerradas» y solo accesibles a los explícitamente autorizados. Pero las ventajas de utilizar Internet como mecanismo de interconexión suelen mucho mayores que los riesgos, empezando porque el coste de la infraestructura de Internet se comparte entre millones de usuarios grandes y pequeños. En resumen, lo normal es convivir con los riesgos que plantea Internet.

2. Proteger los activos físicos

Si pensamos en cualquier tipo de maquinaria vemos claramente que la tendencia es que cualquier equipo electrónico de propósito específico tienda a transformarse en un ordenador de propósito general. Esto pasa con equipos industriales o de infraestructuras, como neveras, equipos de aire acondicionado, coches, camiones, aviones y muchos otros mecanismos. El motivo de esto es simple: un brutal salto en la productividad.

En nuestro pasado industrial fabricábamos equipos electrónicos con una única función: teléfonos, radios, neveras, aparatos de aire acondicionado, monitores de TV, sensores de temperatura y muchos otros. Esto implicaba que cada uno contaba con miles de piezas físicas independientes para funcionar de una única manera.

Con la digitalización, un mismo equipo es capaz de ejecutar múltiples funciones debido al reemplazo de esas piezas físicas por rutinas de *software* que además pueden ir cambiando con el tiempo. Basta con unas cuantas modificaciones en el código de programación.

Pensemos en los teléfonos móviles: actualmente no solo sirven para hacer llamadas, sino que los usamos como agenda, mapa, editor de texto, grabadora de voz y de vídeo, cámara fotográfica, linterna, etc. Y se le van agregando múltiples funciones a medida que se le cargan distintas aplicaciones: medios de pago, apertura de puertas, terminal bancario, etc. Cada una ofrece distintas posibilidades.

Pero este proceso de *softwarización* hace que la arquitectura de estos dispositivos generalistas se apoye en unos principios generales y estándares que se basan en la antigua arquitectura de John von Neumann, definida en la década de 1940. Lógicamente, esto tiene enormes ventajas para la productividad. Una pieza física en un equipo puede ser reemplazable, pero siempre tiene un coste de producción; en cambio, el *software* es replicable a escala casi infinita a un coste ínfimo.

Un equipo industrial con miles de piezas requiere el mantenimiento físico de cada una, mientras que un equipo *softwarizado* tiene unos pocos componentes generales cuyo comportamiento se modifica a través del *software,* lo que reduce sustancialmente los costes operativos.

Sin embargo, la implantación del paradigma digital tiene algunas consecuencias desde el punto de vista de la seguridad. El *software* tiende a ser un componente vivo y en permanente evolución. Los procesadores de datos mejoran permanentemente y el *software* tiene que evolucionar para aprovechar sus ventajas. Aparecen nuevas ideas y se descubren errores en el código. Es decir, aparece la necesidad del mantenimiento de *software*.

Por otro lado, la explosión de la conectividad, la posibilidad de estar conectados con millones de otros ordenadores en todo el mundo, potencia aún más la productividad de los equipos. Imagina un teléfono móvil que no estuviese conectado a Internet: no podríamos recibir información del tráfico en tiempo real, noticias o datos meteorológicos. Imagina las ventajas de controlar cualquier equipo industrial o de infraestructura desde casa sin necesidad de desplazarte físicamente hasta donde se encuentra el equipo: la mejora en eficiencia es enorme.

Ambos factores, la necesidad de mantenimiento y las funcionalidades clave de la conectividad, hacen que estos «activos *softwarizados*» requieran un mecanismo de acceso remoto a través de la Red. Para reconfigurar una nevera industrial en el pasado teníamos que acceder a su panel de control físico, pero actualmente podemos hacerlo desde cualquier terminal digital.

Aquí es donde empiezan las nuevas amenazas a la seguridad. El acceso remoto a nuestros activos digitales tiene que realizarse de forma controlada, por personal autorizado y con procedimientos de verificación. Un cambio no deseado por dolo u error puede provocar que un equipo deje de funcionar correctamente o incluso que sufra un fallo catastrófico y genere graves consecuencias personales y económicas. Y en estos casos las medidas de seguridad físicas mencionadas anteriormente quedan superadas.

Excepto para evitar la sustracción física del activo, aunque las consecuencias sean las mismas, las medidas de seguridad deben ser diferentes. Antes, si alguien deseaba sabotear algún activo, tenía que acceder físicamente a él atravesando todas las barreras de vigilancia que hubiéramos establecido; ahora simplemente necesita acceder desde algún otro punto de la Red, quizás a miles de kilómetros de distancia o incluso desde otro país, y modificar la programación del dispositivo.

Un buen ejemplo es el ataque realizado por los servicios de inteligencia de EE. UU. e Israel a las centrifugadoras iraníes que se utilizaban para enriquecer uranio. En este caso, se había diseñado un *malware* conocido como Stuxnet para manipular las lecturas de los sensores que inducía un fallo en el funcionamiento del equipo hasta provocar su destrucción, mientras que al mismo tiempo enviaba lecturas «normales» al operador humano, que no sabía qué estaba pasando.

Pero la amenaza a estos activos no solo aparece cuando hay intencionalidad. Un fallo accidental en una actualización de *software* puede llevar a la destrucción de componentes o del propio equipo, sin contar las posibles consecuencias derivadas, como el impacto en la producción, el servicio al cliente o los daños a terceros. Un error de lectura o una manipulación indebida de los datos de entrada en un dispositivo *softwarizado* puede también llevar a consecuencias imprevisibles. Veamos un ejemplo trágico de un daño irreparable ocasionado por una conjunción de fallos en un activo *softwarizado:*

El 1 de julio de 2009 el vuelo de Air France 447 de Río de Janeiro a París se estrelló de manera misteriosa en el océano Atlántico. Era operado por un reactor Airbus A330-203, uno de los más modernos diseños del fabricante europeo. El avión solo tenía cuatro años y estaba equipado con la última tecnología de navegación y control aéreo, además de estar tripulado por pilotos con una enorme experiencia. El capitán Marc Dubois acumulaba más de 10 000 h de vuelo, casi 1800 en ese modelo de aparato.

Los datos preliminares no aportaban ninguna luz sobre los motivos del accidente. De repente, durante una fase normal del vuelo, el avión perdió velocidad, descendió durante 3.5 min y se estrelló en la superficie del océano. Tras años de investigación y una espectacular operación de rescate de las cajas negras del fondo del mar, la Oficina de Investigación y Análisis para la Seguridad de la Aviación Civil *(Bureau d'Enquêtes et d'Analyses pour la Sécurité de l'Aviation Civile [BEA])* concluyó que una desdichada cadena de sucesos había provocado la tragedia. En primer lugar, un fallo en los sensores de velocidad hizo que el algoritmo de control (el piloto automático [PA]) llevara el avión hasta una altitud y una velocidad en las que perdió sustentación y empezó a caer como una piedra (lo que se denomina *entrar en pérdida*). Ante esa alarma, el PA se desconectó, sonó una alarma acústica y el control volvió a los pilotos.

Confundidos por las lecturas erróneas de velocidad, los pilotos no atinaron a corregir el problema bajando la nariz —la parte delantera del fuselaje— del avión y ganando velocidad, que es la maniobra ortodoxa con la que en 2 s hubiesen recuperado la sustentación; por el contrario, tiraron de la palanca hacia atrás y subieron la nariz, lo que disminuyó aún más la velocidad y continuaron en pérdida.

El ángulo de subida era tan empinado que el algoritmo del sensor de pérdida lo consideró incompatible y apagó la alarma, lo que confundió todavía más a los pilotos, quienes sentían cómo el avión caía, aunque la alarma no sonaba; en cambio, cuando intentaron bajar el morro (lo correcto), volvía a sonar. Esta situación se repitió varias veces durante los 3.5 min de caída.

Imagina que ocurre una situación similar en un gran sistema de gestión de una ciudad inteligente *(smart city):* sensores que envían lecturas erróneas y algoritmos no preparados para procesar esos datos inconsistentes que toman decisiones equivocadas y, ante eso, cuando comienzan a percibirse los efectos negativos (accidentes, colapsos de tráfico, etc.), los analistas humanos que deben tomar el control no están acostumbrados o preparados para resolver los problemas. Bajo una situación de gran estrés, posiblemente acabarían cometiendo errores que agravarían la situación y ocasionarían el caos absoluto.

Aunque, por supuesto, los sistemas complejos tienen mecanismos teóricos para prevenir fallos desde su mismo diseño, no debemos olvidarnos de estar preparados para situaciones inesperadas. Un fallo aislado de algunos sensores (entre miles) puede pasar desapercibido si la red es robusta (es como se diseñan las redes para que sigan funcionando incluso con menos nodos), pero un fallo sistémico no es imposible si pensamos que muchos sensores están construidos con la misma tecnología.

¿Cuántas vulnerabilidades puede haber entre cientos de miles de líneas de código? A veces un código antiguo o desarrollado por terceros o puntos de fallo ocultos, conocidos por unos pocos para actuar oportunamente. ¿Podemos estar seguros del comportamiento de los sensores ante todas las posibles situaciones climáticas o radiaciones a las que se exponen? ¿Hay un árbol de decisión completo para todas las situaciones posibles?

El accidente del vuelo 447 llevó a Airbus a revisar el diseño de los sensores de velocidad (no fue el único vuelo en el que fallaron) y los algoritmos de control y navegación de la cabina (treinta líneas de código hubiesen salvado el avión)[4], pero, por encima de todo, hizo que se reforzara la formación de los pilotos en maniobras a gran altura. Acostumbrarse al PA les hizo olvidar qué decisiones debían tomar en una situación límite.

3. Proteger la información confidencial

Las organizaciones tienen siglos de práctica clasificando la información. Nuestro sentido común nos guía muy bien en la protección de los registros físicos que consideramos confidenciales. El derecho a la propiedad intelectual es ampliamente conocido y reconocido y se protege con celo, lo mismo que toda otra información confidencial que pueda poner a una compañía en una desventaja competitiva. Es más, los profesionales de la administración se benefician de décadas de experiencia invertida en mejorar los métodos de control de acceso a los programas y datos en los sistemas de información. Sin embargo, como hemos visto, una de las preocupaciones prioritarias de los directivos es la fuga de información confidencial.

¿Qué está pasando? Posiblemente uno de los motivos sea la «explosión de datos». En un artículo publicado en *IT User* en marzo de 2021[5] se cita a Dave Reinsel, vicepresidente sénior de Global DataSphere, de IDC, quien detalla que en 2021 el volumen de datos creados o replicados aumentó mucho más rápido de lo previsto. Y afirma que: «Su impacto se sentirá durante varios años. La cantidad de datos digitales creados durante los próximos cinco años será mayor que el doble de la cantidad de datos creados desde el advenimiento del almacenamiento digital». Esto supone toda una pesadilla para la clasificación, selección y protección de la información confidencial. Entre tantos datos, muchos generados automáticamente, a veces es difícil identificar lo que puede ser relevante para un atacante o para un competidor.

Además, tenemos el problema del medio donde se almacenan esos datos. En el pasado era difícil que un registro electrónico pudiese ser extraído y procesado fuera de la organización, pero ahora no lo es tanto, pues los medios de almacenamiento se han popularizado. Así, no necesitamos tener caros lectores de cinta en casa, ya que un pequeño dispositivo del tamaño de un pulgar es capaz de transportar *terabytes* de información y descargarlos en cualquier ordenador. Además, muchas empresas han autorizado a sus empleados a trabajar con sus datos en sus dispositivos personales *(Bring your own device [BYOD])* como una forma de aumentar la flexibilidad. Y, finalmente, cualquier empleado o departamento de una empresa puede utilizar servicios de almacenamiento externo o en la nube, algunos incluso gratuitos.

Este volumen de datos y la diversidad de dispositivos obligan a emplear medios automáticos para la clasificación y el control de acceso. Sin embargo, los principios fundamentales que se usan en el mundo físico para establecer los criterios de clasificación y acceso no han cambiado mucho más allá de los aspectos legales. Uno de los esos principios parte de que el principal riesgo no viene de un superdotado *hacker* anónimo conectado remotamente de un ignoto país de Oriente o de una oscura mafia de Internet, sino de dentro de la organización.

Este es uno de los aspectos más importantes (aunque incómodos) de tratar en las empresas: las amenazas internas a la seguridad, provocadas generalmente por empleados infieles, asociaciones ilícitas entre empleados y terceras partes y otras similares. Y no nos referimos a las amenazas causadas por empleados negligentes (que pueden llegar a ser la causa de más de la mitad de los incidentes reales), sino a las que conllevan intencionalidad.

«La principal amenaza a la seguridad de una empresa viene desde dentro de la organización: empleados infieles, asociaciones ilícitas entre empleados y terceras partes y otras similares».

Estas amenazas no son nuevas, han existido siempre, pero, en la medida en la que la informatización llega actualmente a todos los puestos de trabajo, constituyen un elemento fundamental en el diseño de cualquier estrategia de ciberseguridad. Quizás no sean las amenazas más numerosas, pero, según un estudio de la compañía de telecomunicaciones Verizon entre 2016 y 2020[6], los incidentes de fugas de información donde participaron *insiders*[7] representan entre el 25 y el 30 % del total.

Otros estudios apuntan a cifras incluso más altas. La consultora Accenture[8] indica que, a partir de una encuesta realizada en 2016 entre más de doscientos profesionales de ciberseguridad en grandes empresas, el 69 % habían sido testigos de al menos un intento de robo o destrucción de datos en los últimos doce meses por parte de un *insider*. Aunque las cifras pueden variar según los muy diversos estudios al respecto, generalmente hay consenso en dos cosas: 1) que los incidentes causados por *insiders* son mucho más dañinos y 2) que son mucho más difíciles de descubrir y denunciar.

El enfoque clásico para tratar esta amenaza en las organizaciones es replicar en los sistemas las normas de control interno: controles y niveles de acceso individualizado, segregación de funciones y controles múltiples de autorización. Algunas compañías ponen énfasis también en el proceso de selección de los empleados, analizando sus antecedentes legales y familiares, aspectos psicológicos, valores y otros.

Proyecto Manhattan

Un buen ejemplo de estas políticas se puede ver en el Proyecto Manhattan. Posiblemente no hubo jamás en la historia de Occidente (que conozcamos) una estrategia de seguridad de la información tan rigurosa. Se trataba nada menos que de proteger la información necesaria para la producción de una bomba atómica.

El Proyecto Manhattan era tan secreto, que obligó a reinventar la seguridad de la información en EE. UU. en la década de 1940. Hay que rastrear sus orígenes en 1938, cuando los científicos alemanes consiguieron producir la primera fisión nuclear en un laboratorio, lo que provocó un revuelo en la comunidad científica estadounidense, que se dio cuenta de que el Tercer Reich estaba en el camino de producir una bomba atómica cuyo poder destructivo, en términos teóricos, ya se conocía.

A partir de esto, los físicos Leó Szilárd y Eugene Wigner convencieron a Albert Einstein, en agosto de 1939, para que enviara una carta redactada por ellos al presidente Roosevelt advirtiendo de este peligro. Este puso el tema en manos de sus asesores científicos y, tras largas discusiones internas e intercambio de información con los británicos (quienes tenían su propio proyecto), aprobó un programa nuclear en octubre de 1941 dirigido por un comité secreto que contaba solo con seis personas: él mismo, el vicepresidente Wallace, el secretario de Guerra Stimson, el jefe del Estado Mayor del Ejército, Marshall, el director de I+D de Defensa, Vannegar Bush, y su subordinado, James B. Connant.

Mantener el secreto de las deliberaciones de un comité tan pequeño y selecto era relativamente sencillo. Durante casi un año se trabajó en definir objetivos factibles, el diseño general de las tecnologías necesarias, la planificación de su producción industrial y, muy importante, la determinación del presupuesto necesario. En junio de 1942 había un plan de proyecto consistente, que fue aprobado por el presidente Roosevelt.

El paso siguiente era mucho más complejo, pues había que ejecutar un proyecto que, *a priori,* involucraría a decenas de científicos de diversas ramas de la física, cientos de ingenieros, técnicos y personal militar y decenas de miles de trabajadores. En el cómputo final, hubo 129 000 personas que participaban en las tareas de construcción de la infraestructura que permitiría construir la bomba y un gasto total de 2000 millones de dólares, algo muy difícil de ocultar. Y el secreto era fundamental por dos razones: 1) no incentivar al régimen nacionalsocialista a acelerar sus esfuerzos y 2) evitar que el enemigo accediera al conocimiento de tecnologías vitales para desarrollar el arma.

En septiembre de 1942 se asignó la dirección del proyecto a un brillante ingeniero militar, Leslie Groves, famoso por haber liderado el proyecto de construcción del Pentágono en los años anteriores. Groves recibió un ascenso a general de brigada y se le dieron amplios poderes para disponer de recursos financieros, firmar contratos, fichar y organizar a personal esencial, diseñar procesos de trabajo y establecer medidas de seguridad para evitar cualquier filtración.

General Leslie Groves,
líder del Proyecto Manhattan
(1942).

Uno de los problemas de seguridad más graves a los que Groves debió enfrentarse fue la diversidad del equipo del proyecto y su falta de experiencia militar. Se reclutó a los mejores físicos nucleares de universidades e instituciones de investigación, gente no acostumbrada al secreto (más bien lo contrario) ni al cumplimiento de rígidos reglamentos y órdenes. Además, muchos eran exiliados europeos, víctimas del nazismo o el fascismo, como el italiano Enrico Fermi, el húngaro Szilárd, el danés Niels Bohr y muchos otros, sin nacionalidad estadounidense. También había ingenieros y técnicos civiles procedentes de la industria, secretarias, personal administrativo y de sanidad, etc. Incluso obreros de la construcción.

Este era un contexto muy complejo para establecer medidas de seguridad vitales para el éxito del proyecto, sobre todo porque ya se habían detectado redes de espías nazis e intentos de infiltración y sabotaje en instalaciones industriales norteamericanas. Estos son algunos de los procedimientos y políticas de seguridad establecidos por Groves y su equipo:

- Las instalaciones clave del proyecto se construyeron *ad hoc* en lugares aislados, lejos de las grandes ciudades (el desierto de Nuevo México, áreas rurales de Tennessee, etc.). Gran parte del personal y sus familias tenían alojamiento allí.
- Cada sitio estaba rodeado por múltiples barreras perimetrales con altas alambradas de espino y controles de acceso *(check-points)* en secuencia vigilados las 24 h por personal militar.
- Cada trabajador debía pasar por un proceso de control de seguridad *(security clearance)* llevado a cabo por el FBI que descartaba a cualquier persona con antecedentes penales o lazos con el Eje.
- Todo el personal llevaba una tarjeta de identificación con su foto, nombre y apellido y nivel de autorización (una innovación para la época).
- La identidad de la persona establecía un nivel de acceso a la información según un sencillo código de colores:
  - Amarillo: acceso a las áreas técnicas, pero no a información clasificada.
  - Azul: nivel básico de información clasificada, pero no acceso a áreas técnicas.
  - Roja: nivel mayor de información clasificada a nivel de departamento.
  - Blanco: acceso a información clasificada de los diferentes departamentos (solo para directores y equipo científico clave).
- La información fue compartimentada de tal forma que cada unidad no sabía lo que estaba haciendo otra y muchas veces tampoco comprendía la utilidad de su propio trabajo. El único dotado de una visión completa era Groves, acompañado por un pequeño equipo científico liderado por el director técnico del proyecto, Robert Oppenheimer.

- Todo el correo entrante y saliente pasaba por la censura militar, que podía interrogar a cualquiera que introdujera algún elemento sospechoso (ciertas palabras estaban prohibidas, así como revelar ubicaciones).
- Nadie podía viajar de una instalación a otra sin autorización del propio Groves.
- Todos los trabajadores debían firmar un formulario con condiciones de confidencialidad. Ningún empleado podía hablar de su trabajo con otro; solo podía hacerlo con su supervisor.
- Para evitar que nadie olvidara sus obligaciones, la Administración lanzó una gran campaña de concienciación de los trabajadores basada en la necesidad del secreto, indicando que incluso ciertos datos aparentemente inocentes podían ser utilizados por el enemigo.
- Groves segregó las funciones de inteligencia, contrainteligencia y vigilancia en tres departamentos, con registros y archivos separados, que solo le reportaban directamente a él.

Valla publicitaria utilizada en las instalaciones del Proyecto Manhattan en Oak Ridge, Tennessee.

Como se puede apreciar, muchos de estos conceptos se siguen aplicando en los procesos de seguridad de las organizaciones del siglo XXI. Todos los profesionales en seguridad de la información son, en cierta forma, tributarios del general Groves.

El Proyecto Manhattan fue un éxito en cuanto al objetivo que se había planteado: construir la bomba antes que los nazis. Sin embargo, a pesar de todos los esfuerzos, desde el punto de vista de la seguridad resultó un fracaso rotundo. Mucho antes de lanzar la bomba, la información confidencial del proyecto, sin que Groves lo supiera, ya se había filtrado a la URSS.

Roosevelt había aceptado compartir (parcialmente) su secreto atómico con los británicos. Pero no lo hizo con su aliado soviético, de quien desconfiaba. Sabía que la URSS y EE. UU. emergerían como las superpotencias de la posguerra y quería conservar una carta ganadora. Mientras tanto, compartía mucha otra información técnica con ellos (técnicas de producción, diseño de maquinarias y secretos energéticos), pero no la bomba.

¿Qué había pasado? A pesar de todas las medidas legales y de seguridad y de la campaña de divulgación, ciertos *insiders* filtraron a los soviéticos información técnica muy relevante sobre el proyecto.

El más relevante fue Klaus Fuchs, un destacado científico alemán exiliado en Gran Bretaña que se incorporó al proyecto tras el acuerdo de colaboración con el país en el que residía. Fuchs fue un miembro clave (tarjeta blanca) en la elaboración del mecanismo de implosión de la bomba y era nada menos que el titular de la patente (junto con Neumann, matemático e ingeniero húngaro-estadounidense) del detonador de la bomba, pero asimismo era —lo había ocultado a los británicos— militante comunista en Alemania y estuvo pasando secretos a los soviéticos desde 1944.

Ficha de identificación
de Klaus Fuchs, del
Laboratorio Nacional
de Los Álamos.

Pero lo más increíble es que no fue el único. Otro físico estadounidense, además de espía atómico de la URSS, Theodore Hall, suministró material secreto similar al de Fuchs. Un ingeniero militar, David Greenglass, pasó secretos a través del matrimonio Rosenberg (ambos agentes de la KGB). Otros dos científicos de la planta de producción de agua pesada, el británico Alan Nunn May y el italiano Bruno Pontecorvo, también pasaron datos a los soviéticos. May incluso detalló lo escuchado en una entrevista con el propio Groves. Según un informe informe del Departamento de Energía de EE. UU.[9], hay al menos otros cuatro espías no identificados y solo conocidos por sus claves: FOGEL/PERSEUS, MAR, ERIC y QUANTUM.

Por si fuera poco, en la década de 1990 se publicaron las memorias del general de la KGB Pável Sudoplátov[10], donde afirma, aunque sin pruebas documentales, que el propio director técnico, Oppenheimer, y los destacados físicos Fermi, Bohr y Szilárd eran espías soviéticos y que desde el primer momento estuvieron brindando información a la URSS.

¿Qué falló? Una seguridad violada por tal cantidad de *insiders* desde el corazón del proyecto hace pensar en un factor moral antes que técnico, pues nadie pudo penetrar los secretos desde fuera.

Posiblemente Groves falló en algo fundamental: dotar a su campaña de comunicación y de una «declaración de principios» capaz de generar escrúpulos morales a los potenciales *insiders*.

El mensaje de Groves estaba basado en tres cosas: 1) el respeto a las normas, 2) el miedo a la sanción y 3) el patriotismo, algo entendible puesto que estaba acostumbrado a dirigirse a personal militar y estadounidense, pero no se percató de que su *target* efectivo estaba compuesto por científicos, muchos extranjeros, cuyas motivaciones no se basaban en el patriotismo ni en un «espíritu de cuerpo militar». Los científicos, aunque odiaban a los nazis, no consideraban un «bien moral» preservar el secreto frente a un aliado, los soviéticos. Incluso algunos, como Fuchs, consideraban a estos moralmente superiores. Los agentes soviéticos, con mucha astucia, ayudaban a crear esta atmósfera transmitiendo a los espías que su fin era la paz mundial. En resumen, creaban un argumento moral inverso: valía la pena romper las normas (el bien menor) por la paz mundial (el bien mayor).

3
LAS AMENAZAS AL PATRIMONIO: LAS ESTAFAS

1. Delitos informáticos

Según se recoge en el *Estudio sobre la Criminalidad en España* (2020), publicado por el Ministerio del Interior: «En el período comprendido entre 2016 y 2020 se constata el aumento de los delitos informáticos. De esta forma, podemos apreciar que, en 2020, se han conocido un total de 287 963 hechos, lo que supone un 31.9 % más respecto al año anterior. De esta cifra, el 89.6 % corresponden a fraudes informáticos (estafas) y el 4.9 % a amenazas y coacciones».

Más del 90 % de los delitos informáticos denunciados en España corresponden a esta modalidad. Es difícil saber cuántos afectan directa o indirectamente al resultado de las empresas, pero un estudio global de McAfee entre mil quinientas empresas a nivel mundial arroja un resultado equivalente al 1 % del PIB global. Esto en España representa alrededor de 1000 millones de euros.

El INCIBE ha clasificado los principales casos de fraude que afectan a las compañías en su publicación *Ciberamenazas en entornos empresariales*[1]. Algunos tienen un impacto indirecto, pues se basan en la captura de datos, identidades o credenciales para comercializar entre grupos criminales o para enviar publicidad masiva. A continuación se indican los que afectan directamente a la caja de la empresa. Las tres formas se basan en la suplantación de identidad:

1. **Fraude del CEO.** El delincuente suplanta la identidad de un directivo para dirigirse a un subordinado de la empresa con capacidad para realizar transferencias de dinero. En una comunicación por medio electrónico le pide un movimiento de dinero importante que justifica por el cierre de una operación empresarial. El empleado, al pensar que la orden proviene de un superior, accede, y además no suele hacer comentarios internos porque su supuesto superior le ha pedido máxima confidencialidad.
2. **Fraude de Recursos Humanos (RR. HH.).** El delincuente se hace pasar por un empleado de la compañía y solicita que el ingreso de su nómina se realice a un nuevo número de cuenta, por supuesto, controlado por el estafador.
3. **Ataque de suplantación de proveedores.** La organización recibe un correo de un proveedor al que el delincuente ha suplantado. El objetivo es conseguir que le hagan una transferencia bancaria que, por supuesto, nunca llegará al destino que se pensaba.

En cuanto a las formas de extorsión en general, se basan en secuestrar un recurso u obtener una información comprometida. Podemos incluir en este grupo las siguientes:

- *Ransomware.* Un *software* malicioso llega a la red interna de la empresa a través de un archivo adjunto en el correo electrónico o algún recurso (disco u ordenador) accesible por error desde el exterior y va infectando distintos dispositivos. El *malware* impide acceder a la información del dispositivo, normalmente por haber sido cifrada. Solo es posible recuperar la información previo pago del rescate que se solicita.
- **Sextorsión.** La víctima es informada por correo electrónico de que ha sido grabada en situación comprometida o de que, tras *hackear* su teléfono, los chantajistas disponen de vídeos o conversaciones privadas suyas. De no realizar un pago,

normalmente en criptomonedas, esa información será distribuida a todos sus contactos.

- **Ataque de denegación de servicio** (DoS *[Denial of Service]* o DDoS *[Distributed Denial of Service]* si el ataque proviene desde diferentes orígenes). Los ciberdelincuentes realizan muchas peticiones a la vez a un servidor determinado hasta que logran inhabilitarlo. De este modo, se produce la «caída» de la página web o del comercio electrónico y los usuarios no pueden acceder a menos que paguen un rescate.

Como se puede apreciar, estas amenazas no son muy originales. La principal diferencia con las estafas del pasado es el medio que se utiliza. Si antes la relación entre el estafador y la víctima tenía lugar en forma personal o a través de un medio físico (una carta o un periódico), ahora se produce empleando medios electrónicos, como el correo electrónico o la navegación por Internet.

Utilizar medios digitales es muy rápido y efectivo. Pensemos en una campaña de *ransomware* o de *phishing*. El coste de replicar los mensajes y enviarlos a cientos o miles de direcciones de correo electrónico es ínfimo y no tiene límites geográficos ni de volumen. Disparar cientos de miles de mensajes de correo no deseado desde una dirección desconocida resulta muy barato. Infectar ficheros virales que circulan entre grupos y foros o sitios web populares puede llevar más trabajo, pero su expansión es exponencial. El usuario, de forma inconsciente, colabora con el delincuente difundiendo la amenaza sin saberlo.

Sin embargo, quitando los «beneficios» de la digitalización que permiten alcanzar en poco tiempo el mayor número de potenciales víctimas, los fraudes actuales no son más que versiones modernas de otros muy antiguos utilizados por estafadores de todo el mundo. Se basan fundamentalmente en la ingenuidad o, mejor dicho, en establecer la relativa credibilidad de la historia del estafador ante su víctima usando técnicas de camuflaje, persuasión y mucha información de contexto después de una exhaustiva preparación. Como indica el artículo 248 del Código Penal: «Comete estafa el que, con ánimo de lucro, utilice engaño bastante para producir error en otro, induciéndolo a realizar un acto de disposición en perjuicio propio o ajeno».

Los casos de extorsión se benefician de nuestra dependencia de ciertos recursos críticos y de las propias debilidades humanas (tener algo que ocultar). No es nada nuevo tampoco. No podemos olvidar que ambas situaciones constituyen un delito del que la empresa es una víctima involuntaria. ¿Qué podemos hacer como gestores para evitar estas situaciones?

Estos son riesgos que un gestor sin demasiados conocimientos de ciberseguridad está preparado para manejar. La solución resulta sencilla: se basa en la concienciación de los empleados y en el diseño de procesos de control efectivos, algo que conoce todo administrador.

La concienciación de los empleados no suele ser demasiado compleja. Basta con tener claros algunos principios fundamentales que atañen tanto al mundo físico como al virtual. En numerosos portales de autoridades gubernamentales, tanto en España como en otros países, hay guías que permiten acotar estos principios. Me gusta mucho, por su simplicidad, esta pequeña guía que utiliza la Fiscalía General del Estado de Texas (EE. UU.)[2]:

1. **Ellos se comunicaron con usted.** Cuando usted se comunica con una empresa, sabe quién está al otro lado de la línea. Sin embargo, cuando alguien se comunica con usted primero, usted no puede estar seguro de que le está diciendo la verdad. No sabe si es quien dice ser. Recuerde que la información de correo electrónico y de identificación de llamadas puede ser falsa.

2. **Ofrecen incentivos, habitualmente dinero.** Hablemos claro: nadie simplemente regala grandes cantidades de dinero con facilidad. Si una persona le ofrece incentivos (un premio grande, un premio de compras o un préstamo fácil) a cambio de nada, probablemente le está mintiendo.

3. **Quieren conseguir su información personal.** Cada vez que cualquier persona le pida sus datos personales (cuenta de banco, número de la Seguridad Social, etc.), debe ponerse en alerta. No divulgue su información rápida o fácilmente, especialmente a personas desconocidas, pues podría convertirse en víctima de robo de identidad.

4. Tiene que pagar por adelantado. Si le ofrecen un premio, ayuda con una deuda o empleo pero tiene que pagar una cuota por adelantado para recibirlo, probablemente está siendo estafado.

5. Tiene que enviar dinero mediante giros o tarjetas de regalo. Si usted está a punto de enviar dinero por giro o tarjeta de regalo a una persona para recibir un premio o saldar una deuda con un cobrador que se comunicó con usted, ¡DETÉNGASE! Un estafador puede estar intentando quitarle su dinero.

2. El fraude corporativo

Hemos visto cómo la mitigación de las posibilidades y las motivaciones de los *insiders* son uno de los elementos clave para proteger la información. No obstante, estas personas también pueden producir situaciones fraudulentas en su propio beneficio con o sin la colaboración de terceros.

Los gestores de una empresa están preparados y tienen mucho olfato para detectar situaciones tradicionales de fraudes basados en prácticas corruptas de contratación, maniobras en los mercados de valores o transacciones financieras, pero no lo están tanto para detectar fraudes fundados en nuevas tecnologías disruptivas, que a veces no entienden. Un fallo en estos mecanismos de control y enfoque estratégico puede llevar a apuestas equivocadas con consecuencias funestas. Fue lo que ocurrió con el Banco Barings y Nick Leeson:

En 1992, este joven y brillante profesional de solo 25 años fue nombrado jefe de la oficina de derivados de Barings en Singapur. Este era el banco más antiguo de Inglaterra, fundado en 1762, y se jactaba de ser el banco de la Reina Isabel II. El objetivo del nuevo departamento era iniciar un pequeño negocio de *trading* en este mercado que el banco nunca había explorado. Los jefes de Leeson advirtieron su capacidad de análisis y de trabajo, lo que lo hacía ideal para este puesto.

En poco tiempo, Leeson revolucionó el negocio de Barings. La pequeña oficina de derivados de Singapur empezó a reportar grandes ganancias comerciando con futuros basados en la evolución del índice Nikkei japonés, referencia del mercado asiático. Solo en 1992 Leeson obtuvo ganancias por 15 millones de dólares, un 10 % del beneficio total del banco.

Los directivos de Barings en Londres estaban asombrados. Muy conservadores y tradicionales, no entendían muy bien cómo funcionaba el complejo negocio de los derivados financieros, una innovación surgida en la década de 1980, y Leeson los convenció de que había encontrado un método para obtener una gran rentabilidad en un negocio nuevo para el banco.

Tradicionalmente Barings compraba, a nombre de sus clientes, futuros de acciones de empresas japonesas cotizadas en Osaka y las vendía en Singapur por un valor un poco más alto, ganando una pequeña diferencia de precio. Pero Leeson los convenció de que era mejor retener durante más tiempo los valores, apostando al alza o a la baja, para multiplicar así las comisiones (asumiendo un enorme riesgo).

Leeson recibió todo el apoyo de la dirección para hacer crecer su negocio. Se le permitió tomar las decisiones de compraventa, mientras que al mismo tiempo era responsable del análisis de riesgo y de la contabilidad de las operaciones (funciones normalmente ejercidas por personas diferentes). Aunque los auditores advirtieron sobre este fallo de control, la dirección hizo caso omiso de ello.

Al principio los directivos seguían viendo el negocio del banco como un negocio de comisiones. El dinero que el bróker negociaba con futuros del Nikkei 250 era dinero de los clientes que habían delegado en el banco su gestión, lo que en su perspectiva limitaba el riesgo financiero. Pero viendo los beneficios obtenidos, creyeron que el banco mismo podría obtener ganancias si además operaba con algo de dinero propio.

Durante 1993 y 1994 la rentabilidad continuó en ascenso, al igual que la estrella de Leeson, que había mejorado su salario, vivía en un lujoso apartamento que costaba 6000 dólares al mes, navegaba en su propio yate y cobraba grandes gastos de representación. Pero todo daba igual porque generaba mucho dinero para los accionistas. A principios de 1995 el volumen gestionado era tan alto que la autoridad bursátil de Singapur (SINEX) envió una advertencia al banco para que pusiera un límite a su riesgo. Aun así, la fe en Leeson era tan grande que este consiguió que Barings le transfiriera otros mil millones de dólares para seguir operando.

A mediados de febrero de 1995, Barings anunció que sus ganancias de 1994 habían crecido un asombroso 54 % respecto al año anterior, con una cifra récord de negocio. Todo parecía ir bien cuando el 23 de febrero de ese año Peter Barings recibió un extraño fax donde Leeson le decía que estaba enfermo y que quería dejar el banco.

No hubo forma de encontrar a Leeson para hablar con él. Preocupados, los directivos autorizaron forzar la puerta de su oficina. Entre otras cosas, encontraron un bote de pegamento, unas tijeras, cierta cantidad de papel de carta sin membrete y una misteriosa nota que decía «*I´m sorry*». ¿Qué estaba pasando? Decidieron ir un poco más allá e investigar los últimos compromisos asumidos por el gerente desaparecido.

La sorpresa fue mayúscula cuando se dieron cuenta de que Leeson había asumido una deuda a pagar a corto plazo de casi 750 millones de dólares. Solo en los últimos tres meses el *trader* había comprado veinte mil contratos a futuro por un valor promedio 180 000 dólares apostando por una subida del índice Nikkei. Pero este, en lugar de subir, se había desplomado, y ahora tocaba asumir las pérdidas.

Cuando la información llegó a Londres se desató el pánico. No solo el banco carecía de dinero líquido para hacer frente a los pagos, sino que también los auditores de Singapur alertaban de que lo descubierto era solo la punta del iceberg. El total del «agujero» no se podía aún determinar, lo que aumentaba exponencialmente el riesgo de la entidad.

Barings tuvo que acudir urgentemente al Banco de Inglaterra para solicitar un rescate de última hora. Este reunió a los principales banqueros de la ciudad para intentar compartir el rescate con el sector privado, pero la incertidumbre en las cifras del banco era tan grande que nadie quiso comprometerse a aportar. El 26 de febrero Barings fue declarado insolvente.

Cuando se terminó de auditar el agujero se contaron 1300 millones de dólares, el doble del capital del banco. La institución fue liquidada y adquirida por el grupo holandés ING por 1 dólar. Tras unos días de rocambolesca huida, Leeson fue capturado en el aeropuerto de Fráncfort tratando de ocultar su identidad bajo una gorra y gafas. Extraditado a Singapur, fue condenado a seis años de cárcel.

¿Qué había pasado? Leeson había estado perdiendo dinero desde el primer momento pero, valiéndose de un fallo de control, había logrado ocultar sus pérdidas, transfiriéndolas a la cuenta 88888, creada para compensar errores de contabilidad y cuyo saldo no afectaba a los reportes de gestión enviados a Londres. Por ejemplo, en 1994 el banco creía que estaba ganando 150 millones, cuando en realidad estaba perdiendo 300.

Leeson había utilizado otras técnicas para ocultar su fraude, como falsificar faxes recortando y pegando (literalmente) firmas de unos documentos en otros para simular la autorización de ciertas transacciones. Además, había empleado dinero de los márgenes de las comisiones para reinvertirlos en compras de activos. Pero, sobre todo, siguiendo la lógica del jugador compulsivo, a medida que aumentaban las pérdidas, doblaba la apuesta. Las pérdidas de los dos primeros meses de 1995 habían sido catastróficas.

Muchos ven el caso Leeson como un ejemplo de escándalo financiero producto de incentivos equivocados, de los que ocurren cada cierto tiempo. Y lo es. Otros ponen énfasis en el fallo de control contable y de los rudimentarios sistemas de seguridad de la información. Y también tienen razón.

Como sea, este caso es un buen ejemplo de la manera en la que un equipo directivo puede entregar todos los recursos y la autonomía que demanda una línea de negocio a la que cree disruptiva en valor sin entender muy bien cómo funciona.

Leeson, con sus trampas y engaños, consiguió crear una ilusión de innovación disruptiva ante los directivos de Barings, quienes no prepararon un plan de contingencia y trataron cualquier límite que se le pusiera a su ejecutivo estrella como una traba para el negocio. Creyeron en el discurso de Leeson y no fueron capaces de analizarlo críticamente o de cotejarlo con otras voces autorizadas. En definitiva, creyeron lo que querían creer.

En conclusión, los riesgos patrimoniales derivados de la ciberseguridad son difíciles de acotar. Como hemos visto, pueden afectar a activos tangibles e intangibles, a átomos y a bits de información, como diría Negroponte; pueden tener efectos limitados o catastróficos, ser accidentales o intencionales, tener efectos a corto y a largo plazo. Lo importante es ser consciente de que están ahí en todas sus variantes y saber que no hay una medida única para tratarlos. El administrador debe trabajar en muchos planos para gestionar el nivel de riesgo.

4
LAS AMENAZAS A LA CUENTA DE RESULTADOS

1. Riesgos que alteran la capacidad operativa de la empresa

No todos los incidentes de ciberseguridad ponen en peligro el patrimonio de la empresa, pero muchos alteran su capacidad operativa para desarrollar el negocio de la forma habitual, sea interrumpiendo total o parcialmente las operaciones y, por ende, el flujo de fondos o generando costes adicionales que atentan contra la cuenta de resultados de la organización.

Podemos clasificar estos riesgos en dos clases:

1. Gastos extraordinarios y lucro cesante.
2. Mayores costes.

La primera clase incluye también aquellos incidentes capaces de paralizar total o parcialmente la actividad de una compañía u organismo público. Además de los gastos directamente relacionados con la resolución del incidente (que pueden no estar presupuestados y ser imprevistos) hay que considerar el impacto de una interrupción de las operaciones en el flujo de fondos y compromisos con terceras partes. Sin contar las consecuencias más indirectas en términos de imagen pública o costes de financiación.

La segunda clase se refiere al flujo continuo de pérdidas en una organización por el mal uso de los recursos informáticos para la protección de la infraestructura de TI. Muchas veces este goteo de pequeños detalles es imperceptible. El riesgo fundamental es que con el paso del tiempo se transformen en problemas estructurales, normalmente derivados de la falta de un análisis de estos gastos desde el punto de vista del negocio. Ahora veremos un ejemplo ilustrativo de por qué es necesaria la involucración de los directivos para evitar estas situaciones.

2. Gastos extraordinarios y lucro cesante: el daño por el daño mismo

Algunas de las amenazas que sufre la compañía no tienen que ver con un beneficio directo para el atacante, como el robo, la estafa o la extorsión; muchas veces el delincuente solo quiere causar daño movido por otros motivos, como la venganza, la ideología, el terrorismo, la competencia desleal o, simplemente, superar el «reto» de quebrar la seguridad de la empresa.

Si están dirigidos a una empresa en particular, estos ataques pueden ser muy peligrosos y estar orquestados por redes criminales especializadas en diferentes tipos de técnicas de ataque que incluso colaboran entre ellas o se complementan. Veamos algunos de estos ataques:

- **Ataques de denegación de servicio (DoS o DDoS).** Son los más comunes y, como hemos visto, se pueden utilizar también como una forma de extorsión. Sus principales objetivos son los servidores conocidos de la empresa, publicados en Internet, para interrumpir el servicio. Estos ataques consisten en simular el acceso simultáneo de cientos de miles de usuarios al servidor hasta saturarlo y que sea incapaz de responder a tan alto número de peticiones. Para hacerlo, el *software* del ataque envía paquetes de datos que simulan el acceso de los falsos usuarios. A veces el *software* coloniza y salta de forma sorpresiva a algunos ordenadores de terceros que, sin saberlo, se suman al ataque y envían paquetes contra el servidor víctima (es lo que se conoce como *botnet*). Imagina el caos que puede producir esto en una tienda de venta de artículos electrónicos un día como el *Black Friday*, en una administración tributaria el día de pago de un impuesto o en un colegio o en una universidad el día de la entrega de las notas de los exámenes. Las consecuencias económicas y de imagen podrían muy graves.

- **Ataques centrados en la capa superficial de los sitios webs.** Buscan dejar inoperativo o dificultar el servicio modificando el código y cambiando los textos e imágenes de las páginas por contenido satírico o insultante.
- **Ataques dirigidos que buscan producir daño al equipo o la destruir datos.** Son los más peligrosos. Por ejemplo, intentar alterar el flujo de corriente eléctrica o modificar la climatización de un ambiente para producir daños por sobrecarga o recalentamiento, formatear discos o borrar datos.

Las infraestructuras críticas resultan especialmente sensibles a estos ataques, especialmente en el contexto de la actual lucha contra el terrorismo internacional y los conflictos entre potencias. Cuentan con la ayuda de las autoridades para encarar las agresiones más peligrosas, pero a la larga cientos de pequeños y continuos ataques pueden provocar daños.

La amenaza silenciosa: la fuga de información

Pero no todas las incidencias generan un impacto inmediato o causan una interrupción de las operaciones de la organización. Muchas veces los incidentes más dañinos son los silenciosos, aquellos de los que ni siquiera nos damos cuenta hasta semanas o meses después de ocurrir. Y muchas veces ya es demasiado tarde.

En los últimos años hemos conocido un flujo constante de noticias referidas a fugas de información de grandes empresas particularmente centradas en la exposición pública de datos personales (tarjetas de crédito, correos electrónicos y datos de afiliación). Basta con recordar algunos casos emblemáticos, como los de Home Depot (65 millones de tarjetas) o Target (40 millones).

Algunas corporaciones multinacionales, como Sony, han sufrido estas situaciones de forma reiterada. Un ataque en 2011, por ejemplo, expuso 77 millones de cuentas de usuarios de PlayStation con 12 millones de tarjetas no encriptadas. Otro caso es el del pirateo, en 2014, de una película no estrenada por un grupo afín a la dictadura norcoreana.

Son la punta del iceberg, y es que los medios de comunicación solo publican los hechos más espectaculares por el número de personas afectadas o por la importancia de las empresas que han sido víctimas de esos ataques. Muchos ni siquiera se detectan o solo mucho tiempo después de haberse realizado. Además, los que son identificados muchas veces ni siquiera se denuncian a las autoridades.

El impacto de un incidente grave de fuga de información en una empresa tiene muchos efectos: puede implicar el pago de demandas civiles, multas de los organismos reguladores, gastos adicionales (imprevistos) en consultoría y servicios informáticos y muchos otros, como las consecuencias sobre los inversores. Los casos mencionados generalmente se han resuelto después de decenas de millones de dólares facturados por todos esos conceptos (a veces, parcialmente cubiertos por los seguros). Y hay que añadir el daño a la reputación y a la imagen de marca de la compañía.

A estas alturas lo sorprendente es que las organizaciones afectadas hayan podido recuperarse de dichos incidentes y continuar operando. Sin embargo, según un artículo publicado por la revista *CSO*[1], la capitalización bursátil de las firmas afectadas por incidentes graves de fugas de información (y obligadas a pagar grandes sumas por indemnizaciones) no se ve fundamentalmente afectada; es más, mejora. ¿Es que el público no valora la seguridad o la pérdida de sus datos? Como señala el mismo artículo, no mezclemos el impacto financiero a corto plazo, que es medible y recuperable, con la pérdida del valor intangible de la marca a largo plazo (mucho más difícil de cuantificar).

Es posible que las grandes compañías no puedan evitar estadísticamente alguna brecha de seguridad informática cada cierto tiempo. Al fin y al cabo, los delincuentes realizan un enorme esfuerzo para identificar vulnerabilidades e idear formas originales de ataque y fraude. A pesar de las mejoras en inteligencia y prevención, el atacante siempre tiene la ventaja de la iniciativa sobre el centinela. Pero en general las grandes organizaciones están muy bien preparadas y tienen mucha experiencia en la gestión de riesgos, es decir, en la forma de mitigar las posibles consecuencias de un incidente no deseado. A lo largo de muchos años han aprendido maneras de gestionar la comunicación con la opinión pública, mostrar diligencia con las autoridades, proteger legalmente sus actos y, muy importante, provisionar dinero o contratar seguros para afrontar posibles contingencias legales y de gestión, como hacen con cualquier otro tipo de evento catastrófico. La necesidad de una buena gestión de riesgo ante una fuga de información puede apreciarse en lo que le ocurrió a Willy Brandt, el canciller de la República Federal Alemana (RFA):

En 1973 Brandt estaba en la cumbre de su popularidad. Antiguo miembro de la resistencia antinazi, después de la guerra había sido alcalde de Berlín Occidental durante diez años. En 1969 llegaba a la cancillería con una nueva política de apertura hacia los países del Este para cerrar las heridas de la II Guerra Mundial con Polonia y la URSS. Un símbolo de esa política fue el famoso gesto de ponerse de rodillas ante el monumento al levantamiento del gueto de Varsovia.

Su prestigio nacional e internacional era enorme. En 1971 se le había concedido el Premio Nobel de la Paz. Al año siguiente había ganado las elecciones con el 55 % de los votos a favor de su coalición socialdemócrata-liberal y disponía de mayoría absoluta en el Bundestag. Con sesenta años y buena salud, podía gobernar con comodidad hasta 1976 e incluso aspirar a la reelección.

Pero el 29 de mayo de 1973 el Servicio Federal de Inteligencia (BND) descubrió que uno de sus asistentes personales, Günter Guillaume, era un espía de la República Democrática Alemana (RDA). En el contexto de la Guerra Fría era un asunto muy grave: desde octubre de 1972 Guillaume había tenido acceso a la agenda personal de Brandt, sabía con quién se veía, de qué hablaba y cómo se gestaban sus políticas.

Según los oficiales de la RDA, la información suministrada por Guillaume era de un extraordinario valor. Se refería a política exterior de la RFA, a informes secretos de la OTAN e incluso a relaciones extramaritales de Brandt, información que podía usarse para una futura extorsión. Los datos eran enviados inmediatamente a

Moscú, donde el director del KGB, Yuri Andrópov, los entregaba personalmente al ministro de Asuntos Exteriores de la URSS, Andréi Gromyko, aunque ahora sabemos que se obtuvo escaso beneficio de este material.

Curiosamente, Brandt reaccionó con parsimonia a la revelación, sin darle gran importancia al asunto, y mantuvo a Guillaume en su cargo mientras se le vigilaba. El Ministerio dio parte a la Fiscalía en marzo de 1974 en un proceso secreto y Guillaume fue arrestado el 24 de abril, casi un año después de haber sido descubierto. Ese mismo día la información se dio a conocer en radio y televisión. Al día siguiente, la prensa opositora, encabezada por el periódico *Die Welt* y su grupo mediático, se le echó encima.

Brandt presentó una disculpa en la que decía que no debía haber entregado documentos de la OTAN a Guillaume y negó que pudiese ser chantajeado. Pero al no haber planificado una reacción a un acontecimiento así, todo sonó a falso e improvisado, lo que generó aún más desconfianza. Confrontado ante una carpeta preparada por el BND con la fuga de información de Guillaume, tuvo que admitir que estaba ante un gran problema: todos sus asuntos extramatrimoniales aparecían allí retratados. Ante la pérdida de apoyo entre los barones de su partido, Brandt dimitió el 7 de mayo de 1974, apenas doce días después de estallar el escándalo.

La caída de Brandt es un caso típico de una mala gestión de riesgos. En la época de la Guerra Fría un evento así no era descartable —solo hay que recordar el caso Profumo que sacudió el Reino Unido, donde el romance prohibido de un ministro desató una crisis política que hizo caer al Gobierno conservador— y el canciller debió haber estado preparado. Incluso después de descubierto, Guillaume tuvo al menos un año para mitigar los daños y planificar la forma de comunicarlo.

En primer lugar, no depuró responsabilidades en el BND, que había dado el visto bueno a su colaborador, y cargó con toda la responsabilidad; en segundo lugar, aceptó mantener a Guillaume en su puesto durante un tiempo demasiado largo para evaluar sus actividades (e incluso lo invitó junto con su esposa a... ¡acompañarlo en sus vacaciones!). Finalmente, no comunicó el hecho a ningún otro colaborador ni preparó ninguna política de comunicación o defensa para gestionar el escándalo.

3. Mayores costes

Pero no todas las consecuencias económicas negativas de una mala gestión de los riesgos de ciberseguridad provienen de los delincuentes y sus ataques informáticos. Además de evitar daños a la propiedad, gastos extraordinarios y el riesgo de fraude, una adecuada política de ciberseguridad debe contribuir a optimizar los RR. HH. y los recursos materiales y financieros de una empresa, reducir costes innecesarios, reforzar la confianza de consumidores y empresas y, así, maximizar la rentabilidad.

El problema en el área de ciberseguridad es que muchos administradores no se sienten capacitados para gestionar el área con estos criterios de racionalidad y caen en el error de desligarse de la gestión de la ciberseguridad. Vamos a exagerar un poco para desarrollar el concepto: un buen ejemplo de esto es lo que hizo la empresa cinematográfica United Artists (UA) con el director de cine, guionista y productor estadounidense Michael Cimino:

El 5 de febrero de 1979 UA cumplió sesenta años. Fundada en 1919 nada menos que por D. W. Griffith, Charles Chaplin, Douglas Fairbanks y Mary Pickford, contaba con una larga trayectoria de éxito de público y crítica. Había sido la primera productora en enfrentar a los grandes estudios que controlaban la producción, la distribución y la proyección de forma integrada; de hecho, en 1948 sus fundadores habían conseguido que la Corte Suprema de EE. UU. prohibiera las prácticas monopolísticas en la industria.

En la década de 1950 la compañía cinematográfica estadounidense ya producía unas cincuenta películas al año. En la de 1960 había ganado cinco Oscars a la Mejor Película, con un récord de once estatuillas en un año por *West Side Story*. Además, en 1957 comenzó la producción discográfica y en 1959 la creación de series de televisión con gran éxito. También fue la primera en introducir a los Beatles en EE. UU. y en crear la franquicia de James Bond y el género *spaghetti western*.

En una época muy difícil para la industria, con numerosos cambios tecnológicos por la aparición de la TV, quiebras y pérdidas, UA destacó por su gran equipo gestor, encabezado desde 1951 por Arthur Krim, Robert Benjamin y Eric Pleskow. En 1967 la organización era tan atractiva como inversión financiera rentable, que fue comprada por el gigante de los seguros Transamerica Corporation. El nuevo accionista reemplazó al equipo directivo pero, después de perder 35 millones de dólares en 1970, le rogó que volviera a ocupar su puesto.

Con el regreso del equipo directivo de siempre continuaron los éxitos tanto económicos como artísticos, hasta que en 1978, tras una nueva disputa con el CEO de Transamerica, Krim, Benjamin y Pleskow volvieron a ser despedidos y decidieron montar su propia empresa. Aun así, las últimas producciones en marcha fueron películas de notable éxito, como *Rocky II, Manhattan, Moonraker* y *El corcel negro*. En 1979 el nuevo presidente, Andy Albeck, buscaba un líder y un proyecto que lo ayudaran a transformar la compañía y a proyectarla al futuro y creyó encontrarlo en Cimino, cuyos antecedentes no podían ser mejores.

Graduado en la prestigiosa Universidad de Yale, había comenzado como creativo y director de comerciales en la célebre Madison Avenue. Después escribió guiones de cine y pasó a la dirección. En 1974 obtuvo su primer éxito con *Un botín de 500 000 dólares (Lightfoot and Thunderbolt)* y en 1978 se consagró con la excepcional película *El francotirador (The Deer Hunter)*, que consiguió cinco Oscars, entre ellos dos de los más preciados, el de Mejor Película y el de Mejor Director; tuvo excelentes críticas y un notable éxito de público y llegaría a transformarse en un clásico cuya influencia en la cultura popular y en la industria del cine duraría décadas (basta recordar la impresionante escena de la ruleta rusa). Cimino era el director codiciado por todas las productoras.

Albeck necesitaba mostrar a la industria que la empresa podía seguir creciendo sin su antiguo equipo directivo. El mercado tenía grandes dudas sobre su capacidad debido a que no provenía del mundo de la producción de cine; la mayor parte de su carrera se había desarrollado en el Departamento de Ventas o como ejecutivo de la división de TV. Él era consciente de ello y pensaba que debía generar un gran y rompedor éxito para ganarse la confianza de accionistas e inversores.

Así, en 1979 Albeck contrató a Cimino, le pagó una fortuna y le permitió producir la película que quisiera, con total libertad en cuanto a los criterios de reparto, dirección y producción. El director y productor eligió un guion escrito por él en 1971 que hasta entonces ningún productor había aceptado: *Las puertas del cielo (Heaven's* Gate). Cimino reunió en el reparto a un elenco de grandes actores, como Christopher Walken, Isabelle Huppert, Kris Kristofferson, John Hurt y Jeff

Bridges. Asimismo, UA le asignó un presupuesto de 11.6 millones de dólares (45 millones de 2022), una fortuna para la época teniendo en cuenta que las películas ganadoras de los Oscar de los últimos años tenían presupuestos de no más de 20 millones. La única condición era que el film se estrenase antes de la Navidad de ese año, pero no se estableció ninguna penalidad en caso contrario. Además, Cimino exigió que cualquier gasto adicional necesario en su juicio para cumplir la fecha no se contabilizase como una desviación del presupuesto: era como tener un cheque en blanco en sus manos.

Cuando finalizó la película, Cimino había gastado cuatro veces el presupuesto original, equivalente al coste de la nueva trilogía de *Star Wars,* y la película se estrenó un año después de lo previsto, en noviembre de 1980. Se rodaron 220 h de metraje y la primera versión proyectada a los ejecutivos de UA tenía una duración de más de cinco horas. Después de la primera revisión, el director tardó cinco meses en ofrecer una versión «recortada» de 3 h y 39 min.

Durante todo el proceso de producción, el director dilapidó tiempo y dinero en pequeños detalles. Por ejemplo, instaló un sistema de irrigación artificial donde se iba a rodar una escena de batalla para mantener el césped de un color verde que contrastara con el color de la sangre; también hizo talar y trasladar un árbol desde otro sitio para una sola toma. Por supuesto, semejante retraso y nivel de gasto no pasaron desapercibidos a la alta dirección de UA. Los ejecutivos se plantearon despedir a Cimino, pero no se decidían. No entendían muy bien qué estaba pasando (cabe recordar que no venían de la producción) pero las explicaciones complicadas y el cuidado por los detalles del director les parecieron, hasta cierto punto, razonables.

Cimino también se cuidó bien de mostrar cualquier metraje hasta tener terminada su edición, lo que aumentó las expectativas. Reforzó la idea de que necesitaba estar solo y sin presiones para hacer su «magia». Finalmente, UA se convenció de que, si bien no iba a ganar dinero, podría lograr una obra maestra que le permitiera al menos ganar prestigio y aceptación en la industria y revalorizar la compañía.

El 19 de noviembre de 1980 se desveló la incógnita. La crítica destrozó la película sin piedad. La crítica de Vincent Canby en *The New York Times* todavía se recuerda hoy. Las palabras «desastre incalificable» se repitieron hasta el cansancio. Se hicieron cientos de bromas sobre la increíble escena de colonos del siglo XIX bailando sobre patines (la película era un drama épico y no una comedia).

Un fracaso tan grande fue motivo de mayor interés aún por los medios masivos y UA se vio obligada a retirar el filme una semana después de su estreno y obligó a Cimino a reeditarla y a reducir su extensión a 2 h y 29 min para reestrenarla en abril de 1980... con otro rotundo fracaso: en total recaudó apenas un 10 % del coste de producción.

Las consecuencias fueron penosas: Cimino hundió su prestigio y UA se hundió en el descrédito; Albeck fue despedido y Transamerica decidió retirarse de un negocio que estaba afectando a su propia imagen. En mayo de 1981 la empresa fue vendida a la Metro-Goldwyn-Mayer y esta la absorbió, haciendo desaparecer su sello (aunque lo recuperó años después como una subsidiaria).

El caso de *Las puertas del cielo* demuestra que la desvinculación de la dirección de los grandes proyectos puede conducir al desastre. Pocas veces un director había tenido tanto presupuesto y menos control. UA renunció a estudiar el posible impacto de la película en el público, a corregir los posibles desvíos presupuestarios y a mitigar los interminables retrasos, apostando por la creatividad y el prestigio de Cimino, que lo solucionarían todo. Pero nada de eso. Esta falta de control hizo que se desperdiciaran un gran equipo de profesionales y millones de dólares de capital.

D. W. Griffith, Mary Pickford, Charlie Chaplin (sentado) y Douglas Fairbanks en la firma del contrato de constitución de la United Artists en 1919.

Hollywood tomó buena nota de ese sonado fracaso. Se mejoró mucho el control de los presupuestos y del proceso de producción por parte de los estudios, evitando el «cheque en blanco». Por otro lado, se impuso una nueva forma de producir basada vagamente en escenarios What if? (¿Qué pasaría si...?), en largos debates de equipo y en el high concept, como llamaban al hecho de lograr un compromiso mucho mayor por parte de todo el equipo de producción y no solo del director.

En definitiva, los administradores no pueden desligarse de la gestión y de la ciberseguridad, aunque sea compleja técnicamente o difícil de entender. Los procesos de la empresa tienen que facilitar la decisión acerca de cuándo cambiar de rumbo. Es preferible fijar unos límites precisos a la «apuesta» (siempre se puede fracasar) y detenerse a tiempo cuando se superan; otra cosa puede multiplicar los gastos, llevar a un uso ineficiente del capital y hasta producir un daño grave.

5
GESTIÓN
DE CRISIS

1. Consecuencias de una mala gestión

Hemos visto en anteriores capítulos las diferentes amenazas que surgen en el ciberespacio: tipos de delito contra las empresas, fallos de los empleados, ataques de *insiders,* etc. Sin embargo, hay una amenaza todavía más grave: la mala gestión de las crisis de ciberseguridad.

Por más que la organización invierta muchos recursos en ciberseguridad, nunca estará a salvo de todas las posibles amenazas. Hay que insistir en que solamente somos capaces de gestionar el riesgo. Es más, sabemos que los potenciales atacantes suelen ir por delante de nosotros identificando posibles fallos e induciendo a los empleados e *insiders* a revelar información sensible. Por eso el hecho de que no se haya podido evitar una crisis de este tipo debido a la mala gestión puede tener graves consecuencias económicas y reputacionales.

En cuanto a la primera clase, hay que tener en cuenta que el impacto económico de un incidente de ciberseguridad no está predeterminado, ni siquiera si contamos con la póliza de seguros más completa. La forma en que gestionemos la crisis puede hacer que tenga más o menos consecuencias. Nuestra diligencia, capacidad de reacción y entrenamiento previo son fundamentales para minimizar las consecuencias como veremos más adelante.

En cuanto a la reputación, hay que considerar que, en las crisis, el interés de terceros, del público y de los medios se centra en aspectos en los que normalmente no se indagaba o se daban por sentados. Cualquier adversario de la organización (empresa, estado, delincuente) podría intentar explotarlo. Por eso es importante dejar establecida una política de comunicación continua, veraz y basada en hechos, y no dejarla librada a las vicisitudes del momento.

2. Perjuicios económicos de una mala gestión de crisis

En general, las crisis mal gestionadas derivan de un elemento fundamental: la sorpresa, es decir, la ocurrencia de una situación para la que no se está preparado. Este tema se ha estudiado desde hace miles de años en el ámbito militar. Estratega militar y filósofo de la antigua China, Sun Tzu, ya teorizaba sobre ello en la Antigua China. El manual de doctrina de la Fuerza Aérea de Estados Unidos *(U. S. Air Force [USAF])* recoge una buena definición del concepto *sorpresa*: «Golpear al enemigo en un momento, lugar o modo para el cual no está preparado. A grandes rasgos, el principio de sorpresa es recíproco del principio de seguridad. Escondiendo las propias capacidades e intenciones se crea la oportunidad de golpear al enemigo cuando no está atento o preparado».

«Las crisis de ciberseguridad mal gestionadas derivan de un elemento fundamental: la sorpresa».

En el ámbito de la ciberseguridad la sorpresa se consigue utilizando tecnologías novedosas que pasen inadvertidas a través del perímetro de seguridad, explotando fallos no reportados en sistemas o aplicaciones que apenas se publican *(zero day attacks),* identificando puntos débiles o únicos de fallo en una infraestructura y de otras formas similares.

En ese caso, aún nos queda la posibilidad de gestionar las sorpresas. ¿Pero cómo? ¿Cuál es la forma adecuada de gestionar una situación imprevista? Podemos obtener un buen ejemplo comparando las acciones tomadas por dos almirantes estadounidenses que padecieron un ataque de este tipo:

En diciembre de 1941 la base naval de Pearl Harbor en Hawái fue tomada completamente por sorpresa cuando el Imperio japonés lanzó un ataque aéreo. Curiosamente, la inteligencia militar estadounidense había recopilado gran cantidad de información sobre las intenciones agresivas y los preparativos bélicos japoneses e incluso sobre la fecha estimada del ataque, pero falló en determinar el lugar al concluir que debía ser en Filipinas. Descartó la idea del ataque a Hawái porque pensó que el enemigo no se arriesgaría tan lejos de sus bases. En su defensa hay que decir que era realmente una apuesta muy arriesgada para los japoneses.

Para los efectivos de Hawái la sorpresa resultó total, pero el desastre militar fue completo realmente por la pésima preparación de la base para afrontar un ataque semejante, responsabilidad que recaía sobre el comandante en jefe de la flota del Pacífico, Husband Kimmel, quien había escrito diez meses antes del ataque: «Creo que un ataque por sorpresa (submarino, aéreo o combinado) en Pearl Harbor es una posibilidad, y estamos adoptando de forma inmediata las medidas necesarias para minimizar los posibles daños y garantizar que la fuerza atacante lo pagará».

Sin embargo, no se realizaron ejercicios o simulacros del posible ataque ni se adoptaron medidas especiales de entrenamiento. Los japoneses se encontraron con facilidades inesperadas, como que los aviones se encontraban en las pistas uno junto al otro, lo que facilitaba los incendios y explosiones por simpatía. Tampoco se habían tomado medidas de coordinación entre la aviación naval y la del ejército ni realizado patrullas de largo alcance ni desplegado redes antitorpedo para proteger los barcos. Igualmente, no se sabía muy bien qué hacer a continuación. La única reacción de Kimmel fue planificar en el papel, con los barcos que le quedaban, que no eran pocos, acciones de represalia a los pocos días del desastre, que no pudo concretar porque fue destituido y degradado una semana después.

En los años siguientes Kimmel se presentó como una víctima de la falta de recursos, de información de inteligencia errónea y de las decisiones de sus superiores, lo que generó un intenso debate sobre su actuación. Probablemente tenía parte de razón.

Tres años después se produjo una situación muy similar con los mismos contendientes. Para enfrentarse al desembarco de los aliados en Filipinas, la armada imperial de Japón ejecutó un plan de engaño magistral: cuando se aproximaba el momento del asalto a las playas, un grupo de batalla formado por cuatro portaviones nipones se presentó por el norte del archipiélago. Creyendo que esta era la fuerza principal de ataque del enemigo, el jefe de la flota, el almirante Halsey, cambió de rumbo y envió todos sus grandes portaviones y acorazados en esa dirección, dejando a la fuerza principal de desembarco solo protegida por una cortina de unidades menores (destructores y portaviones de escolta, que transportaban pocos aviones).

Parecía una apuesta segura. Halsey estaba convencido de que ninguna otra fuerza japonesa amenazaba el grupo de desembarco y de que su único problema se centraba en los portaviones enemigos. Pero se equivocaba. El grupo de portaviones no era más que un señuelo muy hábil: apenas tenían aviones de combate y pilotos entrenados. Mientras tanto, todos los acorazados y cruceros pesados japoneses remanentes, al mando del almirante Takeo Kurita, cruzaban los estrechos centrales del archipiélago durante la noche y aparecían de repente ante la escolta del grupo de desembarco, comandada por el contraalmirante Clifton Sprague. Igual que para Kimmel, la sorpresa para Sprague fue total (y tampoco él era responsable de ella).

Los japoneses habían logrado una enorme superioridad local: cuatro acorazados, ocho cruceros y once destructores se enfrentaban a distancia de tiro contra seis portaviones ligeros y siete destructores. La corta distancia anulaba la ventaja de los portaviones. Si la sorprendida línea de defensa caía en el desconcierto o, peor, entraba en pánico, detrás estaban los desprotegidos buques logísticos y de desembarco, que serían fácilmente destruidos. Miles de vidas se habrían perdido antes siquiera de llegar a tocar la playa.

Pero Sprague supo reponerse a la sorpresa y no entró en pánico. Era un piloto naval experimentado y obsesivo con los detalles. Sus hombres habían recibido un entrenamiento intensivo. Decidió enfrentarse a la situación y, en un contexto de grave desventaja, tomó medidas que maximizarían sus escasas posibilidades de éxito: hizo virar sus barcos hacia el este, donde se veían nubes de tormenta, mientras lanzaba una cortina de humo para reducir la visibilidad y dificultar la puntería de los japoneses y se alejó de la costa obligándolos así a perseguir a sus naves en fila, con lo que anulaba de paso sus cañones de popa. Al mismo tiempo, ordenó a la escolta de destructores que redujera su distancia con los buques enemigos para ponerse a tiro de sus pequeños cañones y torpedos. Y, por supuesto, hizo despegar todo lo que pudiera volar desde los portaviones.

Sprague explotó hasta el límite los escasos recursos de los que disponía y las habilidades de sus hombres. Se llegó a disparar con pistolas de calibre 38 de buque a buque. Hubo aviones que lanzaron hasta cargas de profundidad a falta de bombas y algunos hicieron pasadas rasantes sin bombas ni munición solamente para distraer o molestar a los japoneses. Cada recurso se utilizó al máximo para revertir la situación.

Al acabar la batalla, Sprague había perdido dos portaviones, tres destructores y 23 aviones, otros tres destructores y un portaviones flotaban casi desechos y los restantes tenían daños. Pero inesperadamente habían destruido seis cruceros japoneses y hundido a tres de ellos. La actuación decidida de Sprague hizo creer a Kurita que se enfrentaba a una fuerza mucho mayor. Ordenó la retirada sin haber atacado a los vitales transportes y buques de desembarco.

En el recuento final, los estadounidenses tuvieron dos mil quinientas bajas entre muertos y heridos frente a las cuatro mil que sufrieron en Pearl Harbor, con un porcentaje mucho mayor sobre el total de fuerzas involucradas. Este alto precio hace recordar la efectividad de la sorpresa. Sin embargo, gracias a un alto nivel de entrenamiento y a una dirección eficaz que maximizó sus posibilidades, Sprague consiguió evitar daños catastróficos. El desembarco se concretó y las Filipinas fueron liberadas.

El almirante Clifton Sprague, a la derecha de la fotografía.

Pearl Harbor y Samar nos recuerdan que, ante una crisis, se puede reaccionar de diferentes maneras: maldecir a la mala suerte y quedarse quieto o intentar gestionar la situación con los recursos disponibles; preparar un discurso de justificación para cuando la crisis ocurra o enfrentarse a ella con todas las herramientas disponibles.

Una buena gestión de la crisis puede reforzar a la compañía, minimizar las pérdidas y poner difícil para el atacante que consiga sus objetivos; por el contrario, una mala gestión de crisis puede destruir la confianza de clientes, acreedores e inversores, reducir ingresos y maximizar los gastos necesarios para recuperarse del incidente. El resultado no está escrito, y la mala gestión de las crisis es otra amenaza a la organización.

3. Daños a la reputación

Como hemos comentado anteriormente, la mayoría de las amenazas que un directivo puede encontrar en el ciberespacio no son más que versiones modernas de amenazas antiguas que ya existían en el mundo físico. No obstante, es cierto que las nuevas tecnologías digitales pueden amplificar el impacto o acelerar sus efectos.

Este es el caso de la utilización de las redes sociales con fines delictivos, por ejemplo la difamación con el objetivo de destruir la reputación de una persona o de una compañía. Es nuestra obligación reconocer este factor de riesgo, que afecta tanto a las empresas como a la sociedad en general. Encontramos un buen ejemplo en los mensajes inducidos por organizaciones.

En 2016 el CCN presentó el «Informe de Ciberamenazas 2015/ Tendencias 2016 IA-09/16», en el que, entre otras cosas, por primera vez advertía sobre la aparición de una nueva amenaza: «El ciberyihadismo, que, con métodos, procedimientos y herramientas del terrorismo, el *hacktivismo* y la ciberguerra, constituye una realidad incipiente y supone una de las mayores amenazas a las que se enfrentarán las sociedades occidentales en los próximos años».

La evaluación que hacía el CCN se basaba en el hecho comprobado de que grupos como el ISIS-DAESH tenían suficiente caja (proveniente de extorsiones o del comercio ilegal) para «llegar a adquirir los conocimientos y las herramientas precisos para el desarrollo de ciberataques o su contratación».

Aunque algunos medios se basaron en este informe para publicar titulares alarmantes, la realidad es que el CCN solo veía un riesgo potencial a largo plazo: «hasta el momento, sus ataques se han limitado a la desfiguración de páginas web, a ataques DDoS a pequeña escala o, más comúnmente, al uso de Internet y de las redes sociales para la diseminación de propaganda o el reclutamiento y la radicalización, actividades que no exigen grandes conocimientos o infraestructura».

De hecho, en marzo de 2020 el CCN publicó el «Informe anual sobre *hacktivismo* y ciberyihadismo, CCN-CERT IA-04/20,12», en el que se indicaba que durante 2019 no se identificaron operaciones de ciberyihadismo y que seguía sin haber evidencias de capacidades ofensivas de estos grupos en el ámbito ciber.

En el análisis del CCN el DAESH constituye una potencial amenaza dado su poder económico pero, evidentemente, reclutar los recursos adecuados y desarrollar las herramientas e infraestructuras necesarias de forma clandestina no es una tarea sencilla ni se puede realizar de un día para otro. La obligación del CCN es anticipar las amenazas a largo plazo y sugerir medidas para evitarlas, y eso hace.

Por tanto, no es probable un futuro cercano poblado de ciberataques devastadores a las infraestructuras básicas de nuestra sociedad (servicios públicos, sistema financiero, etc.) por parte de estos grupos terroristas. De hecho, los líderes del DAESH se estarán planteando seguramente la conveniencia o no de dedicar gran parte de sus recursos financieros a esta ciberguerra en la que llevamos una gran ventaja. Atacar en el punto fuerte del enemigo no suele ser una buena estrategia en la guerra de guerrillas.

En cambio, el CCN pone verdadero énfasis en el uso que DAESH hace de Internet para la propaganda, el reclutamiento y la radicalización. Por ejemplo, cuando en 2016 los terroristas consiguieron *hackear* la cuenta de Twitter del US Command, un objetivo realmente menor, solo subieron fotos publicitarias. Este párrafo del citado informe de 2020 es significativo:

«Aunque no haya constancia de capacidad operativa en el ciberespacio por parte de grupos terroristas, el uso de servicios legítimos para la difusión de mensajes ligados al terrorismo por parte de estos actores sigue siendo un hecho destacable, al igual que en años anteriores.

Grupos terroristas usan estos servicios con el objetivo de reclutar a miembros, potenciar su imagen —en cualquiera de los sentidos posibles—, establecer redes *online* de simpatizantes a efectos de comunicación y diseminación e incluso obtener dinero. EUROPOL, en su informe "Internet Organised Crime Threat Assessment (IOCTA)" de 2019, destaca la rápida adopción de nuevos servicios y tecnologías por parte de estos grupos, lo que en ocasiones dificulta el trabajo de eliminación o bloqueo de estos contenidos dañinos».

Sin embargo, este uso propagandístico de Internet no puede menospreciarse. Es más, puede resultar un arma muy poderosa, mucho más eficiente y eficaz que un ciberataque, pues con escasos recursos puede causar mucho más daño.

Si observamos los últimos casos de terrorismo yihadista en Occidente, todos siguen el mismo patrón: son efectuados por personas corrientes, aparentemente integradas en la cultura occidental, que disfrutan de sus libertades y derechos civiles. Por eso esta actividad de reclutamiento y radicalización es crítica en la estrategia de DAESH. Vedado el acceso de las bandas terroristas a otros medios masivos, Internet desempeña un papel fundamental. Esa es la amenaza actual.

En este sentido, el 6 de diciembre de 2015 el presidente Obama hizo un llamamiento a la industria de Internet para colaborar con su Gobierno en esta materia. Y el 8 de enero siguiente el Gobierno de EE. UU. anunció la creación de un equipo para combatir la propaganda yihadista en la Red.

Ese día expertos del Gobierno se reunieron con ejecutivos de Facebook, Twitter, Microsoft, LinkedIn, YouTube y Apple con una sola consigna: «*¿Cómo podemos hacer más difícil para los terroristas el uso de Internet para reclutar, radicalizar y movilizar a sus seguidores hacia actos violentos? (How can we make it harder for terrorists to [use] the Internet to recruit, radicalize, and mobilize followers to violence?)*».

A pesar de la reserva de estas conversaciones entre el sector privado y el Gobierno de EE. UU., lo que ha trascendido apunta en dos direcciones: cómo mejorar la información de inteligencia en la Red sobre los grupos terroristas y, especialmente, cómo desarrollar una campaña de contrapropaganda para anular el efecto de la propaganda yihadista.

Las empresas de Silicon Valley han dedicado grandes recursos al primer aspecto, aunque con otros fines. Las tecnologías *big data* y *data analytics,* de igual forma que se emplean para predecir el comportamiento de los consumidores, pueden usarse para detectar patrones de posibles ataques, blancos o potenciales reclutadores.

Una muestra de su eficacia la vimos en España con la desarticulación por parte de la Guardia Civil de una célula de reclutamiento del DAESH el 3 de mayo de 2015[1] que condujo a la captura de un reputado experto en reclutamiento y redes sociales.

Sin embargo, es en la cuestión de la contrapropaganda donde parece que hay mayor margen de mejora y donde más pueden contribuir las empresas. Hasta el momento los esfuerzos de Occidente han sido escasos, aislados y muchas veces contradictorios. No parece haber una línea clara y unificada de mensaje. De alguna forma se ha dejado que el DAESH construya e imponga su «relato» entre los colectivos sobre los que quiere influir.

Pero no tiene por qué ser así. Un buen ejemplo podemos encontrarlo durante la crisis de los misiles de 1963. En aquellos días la URSS negó oficialmente en la ONU haber instalado misiles en Cuba y lanzó una amplia campaña de propaganda a través de sus terminales en Occidente que aludía a sus intenciones pacíficas, en contra de las camarillas belicistas de EE. UU. y la OTAN.

Las democracias estaban perdiendo la batalla de la comunicación y su reputación se veía afectada cada día que pasaba hasta que, en un tremendo golpe de efecto, el presidente Kennedy ordenó a su embajador en el organismo publicar las fotos secretas de sus aviones de reconocimiento, que mostraban los misiles soviéticos instalados en sus plataformas cubanas.

Era una medida muy arriesgada, dado que revelaba información secreta de la inteligencia de EE. UU., pero el resultado fue que el relato soviético se vino abajo en unos minutos ante la perplejidad de sus colaboradores y agentes en todo el mundo. Cualquier declaración oficial o campaña por la paz lanzada por los soviéticos ya no tendría la misma credibilidad.

El embajador de EE. UU. en la ONU, Adlai Stevenson, enseña las fotos de los misiles soviéticos en Cuba en presencia del embajador de la URSS Valerian Zorin.
El Mundo, 5 de julio de 2016.

En resumen, la tecnología es importante pero, otra vez, es la capacidad de gestión de las crisis de reputación lo que inclina la balanza.

SEGUNDA PARTE
CONTROL

«Todo el mundo tiene un plan hasta
que le doy un puñetazo».

Mike Tyson, leyenda del boxeo

6
UNA BREVE HISTORIA DE LA SEGURIDAD DE LA INFORMACIÓN

1. Las primeras redes de comunicaciones

El objetivo de este libro no es hacer una reseña histórica completa de la seguridad de la información; basta con saber que desde el surgimiento de la civilización y los registros escritos, en el 3000 a. C., se han buscado formas de proteger la información que pudiera perjudicar los intereses de su autor o de su grupo de afinidad. Es más, muchas de las técnicas que se diseñaron junto con el surgimiento de los sistemas de escritura aún se utilizan hoy, aunque con medios más modernos.

La seguridad de la información es, en cierta forma, la seguridad de las comunicaciones. Los primeros ejemplos conocidos hablan de códigos usados por las legiones romanas para ocultar las órdenes y los mensajes para evitar que pudiesen ser leídos en caso de caer en manos del enemigo. El mismo principio regía los códigos de las cadenas de heliógrafos, empleados para enviar mensajes a largas distancias. Estas técnicas se usaron durante miles de años con escasas variaciones.

En el siglo XIX el desarrollo de las señales electrónicas a través del telégrafo multiplicó el interés en el tema. Los mensajes podían transmitirse en segundos a distancias aún más largas pero, sobre todo, el sistema telegráfico no fue monopolizado por las autoridades militares o el Gobierno, pues se concibió como un servicio público, utilizable por cualquier ciudadano o empresa que pudiese pagar una tarifa.

Así, las compañías empezaron a compartir esta red pública, nacional e internacional. Pero esto entrañaba un gran riesgo para la información sensible, ya que un mensaje pasaba por las manos de varios operadores telegrafistas, codificadores y decodificadores Morse que no pertenecían a la organización. Además, una línea telegráfica podía ser intervenida poniendo puntos de escucha clandestinos en los postes.

Por otro lado, muchos negocios empezaron a depender del telégrafo para desarrollarse. Una interrupción del servicio podía tener efectos catastróficos, por lo que había que disponer de medios alternativos o planes de contingencia. Esto hizo que muchas organizaciones desarrollaran sus propios códigos para enviar mensajes de modo que no pudiesen ser leídos por nadie más: periódicos, comerciantes, bancos y todo tipo de compañías empleaban la red. Con el tiempo estos códigos y medidas de seguridad se extendieron a otros medios electrónicos, como las comunicaciones telefónicas, la radiotelegrafía o el télex.

Sin embargo, lo que llamamos hoy *ciberseguridad* surge a partir de la aparición de las redes de datos. Los primeros equipos de computación electrónica, en la década de 1940, funcionaban de forma totalmente aislada. Si no se deseaba compartir información, bastaba con tomar medidas de acceso físico a los equipos y a sus informes de salida, impresos en papel, tarjetas o cintas perforadas.

Por esa época, si se deseaba transmitir esta información, solo había que desplazar su soporte físico, protegiéndolo en el trayecto. En su libro de referencia, *Computer networks* (1981), utilizado en todas las carreras universitarias de informática, Andrew Tanenbaum dice que «no debe minimizarse el poder de comunicación de un camión cargado de cintas magnéticas».

A partir de la década de 1960 comenzaron a surgir tecnologías que permitían que esta información se transmitiera de máquina a máquina con diferentes técnicas, como la conversión de señales analógicas a digitales a través de la red telefónica, el tendido de cables de punto a punto o la emisión de señales de radio. Para que la información pudiera fluir a través de sistemas y equipos de distintos fabricantes, se establecieron ciertos estándares (protocolos) comunes. Algo así como el antiguo código Morse pero, por supuesto, aplicando el principio de redundancia. Todos los posibles puntos de fallo debían estar duplicados para prevenir cualquier contingencia, incluso geográficamente, y poder localizarlo si ocurría algún incidente grave (p. ej., la posibilidad de un corte accidental en una línea de comunicación punto a punto requería el tendido de una línea alternativa como resguardo).

La gran evolución llegó con la adopción del protocolo TCP/IP y el desarrollo de Internet, al principio como una red de comunicaciones para la defensa de EE. UU. y luego extendida al ámbito académico y, finalmente, al público en general. Pero mientras se daba esta evolución, estaba ocurriendo otro fenómeno en las empresas.

2. La tecnología de la información se extiende

Desde la década de 1960 cada vez más compañías digitalizaban sus sistemas de registro. Se empezaron a abandonar los pesados libros contables, vigentes desde hacía siglos, y se reemplazaron por registros electrónicos. Los primeros sistemas en automatizarse fueron el de liquidación de sueldos y el de contabilidad, que no necesitaban procesarse en tiempo real (los primeros ordenadores trabajaban más eficientemente el procesamiento por lotes). Luego siguieron los procesos de facturación, cobranza, inventario y otros.

Esto trajo aparejado el problema del control. Los auditores y controladores financieros debían adaptarse a una tecnología que no conocían dominada por expertos en electrónica o ingeniería. Y las posibilidades de fraude o contingencias se multiplicaban: era mucho más fácil alterar un registro electrónico sin dejar rastro que uno en papel o programar una aplicación con fines fraudulentos.

Por ejemplo, en junio de 1966 un programador del National City Bank of Minneapolis se encontraba en graves aprietos financieros y, para sortearlos, sin que nadie se percatara, introdujo un cambio en el sistema del banco que evitaba que su cuenta corriente quedara en números negativos. En septiembre del mismo año su cuenta estaba excedida en 1357 dólares, pero solo se descubrió cuando hubo un fallo en el sistema y se debió realizar una transacción manual[1].

En resumen, el problema crítico al que se enfrentaban las empresas no era tanto la seguridad de la información como la transparencia en los registros contables: los auditores tenían que dar fe ante los accionistas y los mercados bursátiles de que las cuentas reflejaban la realidad. Esta confianza en los registros contables es la base en la que se sustenta el mercado de valores y de crédito bancario.

Para lidiar con este problema, ya en la década de 1970 surgieron los primeros manuales de controles generales de sistemas de información, que fijaban normas o estándares de control interno para evitar la alteración de los registros contables o el acceso a información privilegiada en los registros electrónicos de una compañía. Con ellos surgió una nueva disciplina: la auditoría de sistemas.

De estas iniciativas nacieron los principios de control que conocemos hoy: controles de autenticación de usuarios a los sistemas, de integridad de los datos, de aplicación y de totalidad, además de procesos como la segregación de funciones entre desarrollo y operaciones, la planificación estratégica de sistemas y la planificación ante contingencias, entre otros, y la normalización de las infraestructuras necesarias para albergar físicamente y con seguridad grandes ordenadores. Así se desarrolló el concepto *centro de procesamiento de datos (CPD) (Data Center)*, con requisitos de electricidad, controles de acceso físico, aire acondicionado y equipos de prevención de incendios, etc.

Al mismo tiempo, esta preocupación llevó a que los fabricantes de equipamiento informático desarrollaran funcionalidades de seguridad que permitieran automatizar los controles en el acceso a la información. La identificación de usuarios con métodos de autenticación a través de contraseñas se normalizó, así como el registro de transacciones de los usuarios y la posibilidad de limitar los accesos de cada usuario a los recursos del ordenador.

En muchos sistemas surgió la figura del «superusuario» *(security officer),* un usuario privilegiado, de mucha confianza, cuya función era crear/eliminar usuarios, asignar/revocar derechos de acceso, validar los cambios y actualizaciones del sistema, así como realizar controles periódicos de accesos internos y externos; se trataba de una figura precursora de lo que ahora llamamos *Chief Information Security Officer (CISO)*, la máxima autoridad de ciberseguridad en la empresa. Desde el perfil del oficial de seguridad se podía controlar toda la seguridad del sistema.

La auditoría de sistemas y la normalización de la función de seguridad de la información en las organizaciones permitieron a las compañías, especialmente a las cotizadas públicamente, seguir dando confianza a los inversores acerca de que los registros contables reflejaban la realidad y no estaban manipulados o distorsionados. Vivíamos en un mundo muy estable en el que los controles de seguridad de la información cubrían la mayor parte de los puntos vulnerables. Los riesgos de fraude, manipulación y fuga de información existían, pero estaban muy acotados.

Esta estabilidad dio lugar a que se establecieran estándares internacionales para seguridad y auditoría de sistemas, siguiendo prácticas generalmente aceptadas para garantizar un mínimo de control interno en los sistemas informáticos y en la transparencia de los registros contables. Así aparecieron distintas organizaciones relevantes en el establecimiento de esos estándares.

En 1967 se fundó la Information Systems Audit and Control Association (ISACA), originalmente llamada EDP Auditors Association, que se ocupaba de relevar y documentar las mejores prácticas en las empresas, de establecer recomendaciones y de formar y certificar a profesionales en la nueva disciplina de auditores de sistemas.

En aquella época las posibles intrusiones eran muy difíciles. Para acceder en forma no autorizada a un terminal o PC había que hacerlo físicamente en una sede de la organización, conociendo un usuario y su contraseña y sorteando los controles de cada aplicación. Unos pocos ordenadores estaban conectados a redes privadas nacionales o bancarias con un direccionamiento no telefónico, pero estas redes a su vez tenían mecanismos de protección adicionales. Algunas eran redes con un único propietario, desplegadas por las propias empresas usuarias que interconectaban ordenadores tendiendo cables o instalando antenas satelitales; otras, promovidas por los estados o asociaciones industriales, eran infraestructuras compartidas por muchas compañías.

Encontramos un ejemplo de lo anterior en las redes bancarias, basadas en protocolos X25, que permitieron dar un salto de calidad al negocio bancario, acelerando las transferencias de fondos y el despliegue de redes de los cajeros automáticos (ATM). Pero estas inversiones y gastos eran imposibles de afrontar para la mayoría de las empresas.

Estas redes primitivas no estaban exentas de posibles amenazas a la seguridad. El riesgo más evidente era el de la fuga de información sensible. En 1979 el famoso *hacker* Kevin Mitnick accedió sin autorización a la red The Ark de la compañía Digital Equipment Corp y sustrajo el *software* del sistema operativo RTSE que estaba desarrollando al conseguir el número de teléfono oculto a través del que se comunicaba The Ark. Sin embargo, en un mundo básicamente cerrado, las principales amenazas seguían viniendo desde dentro de las organizaciones.

Como hemos visto antes, esta era la forma más usual: si se quería irrumpir en un sistema desde fuera de la empresa, había que averiguar los números de teléfono a los que estaban conectados los PC o servidores, lo que no era tan fácil, y averiguar la combinación de usuario y contraseña que abriera el camino.

Un buen ejemplo de este tipo de amenaza se puede apreciar en la película de 1983 *Juegos de guerra*. La técnica que utiliza el protagonista David Lightman (el actor Matthew Broderick) para intentar *hackear* una empresa de juegos era... ¡marcar todos los números telefónicos en Sunnyvale, California! En una de esas llamadas aleatorias su ordenador recibió una respuesta de otro. Uno de esos teléfonos era una línea de servicio conectada a un ordenador central de uso militar que le exponía una lista de juegos. Pero seguía sin conocer la clave de acceso. Cuando advirtió que uno de los juegos era el laberinto de Falken, dedujo que el creador del sistema era el profesor Stephen Falken. Después de investigar a fondo su biografía (diríamos que hizo «ingeniería social»), dedujo que la contraseña podría ser el nombre de su hijo, Joshua. Y así consiguió acceder al sistema.

3. Del PC a Internet

Entre 1985 y 1995 se produjeron dos hechos relevantes que cambiarían para siempre la seguridad informática: el surgimiento de los microordenadores y la explosión de Internet.

El primero provocó que la información corporativa se difundiera a través de cientos o miles de ordenadores, ajenos al entorno controlado de los sistemas centrales. El gerente de sistemas perdía completamente el control cuando un jefe de departamento era capaz de instalar un PC sin su conocimiento y comprar o hacer desarrollar pequeñas aplicaciones que daban enormes ganancias en productividad.

Además, la irrupción de los PC, mucho más económicos, puso la IT al alcance de millones de pequeñas empresas en todo el mundo. En pocos años los mismos ordenadores podían interconectarse formando pequeñas o grandes redes locales, creando ecosistemas paralelos al sistema central o emulando esos sistemas centrales en las pequeñas compañías. El salto de productividad fue enorme e imparable.

Con la aparición de las redes de microordenadores, el oficial de seguridad pasaba a ser también el administrador de estas redes y a otorgar permisos de acceso. Para formar parte de la red, un equipo debía estar unido físicamente a ella por un cable o la red debía tener un punto de conexión externo, por ejemplo, un enlace telefónico o una línea de datos.

Fue una pesadilla para los oficiales de seguridad y administradores de sistemas, quienes pasaron de gestionar una red privada, generalmente local, con usuarios bien conocidos, a gestionar una red con miles de usuarios interconectados con redes externas, muchos de ellos desconocidos, con un comportamiento impredecible.

Al igual que el telégrafo, la explosión de Internet supuso una revolución. El desarrollo de una infraestructura pública compartida por millones de usuarios en el mundo rebajó sustancialmente los costes de conectividad, dejando obsoletas las antiguas redes propietarias de las empresas. Con esta conectividad barata, que solo requería un enlace telefónico a un proveedor de Internet, las redes de PC encontraron una forma de salir de su aislamiento y comenzaron a interconectarse rápidamente.

Todo esto permitió el intercambio de datos entre compañías, así como entre personas y empresas, de forma muy económica, lo que abrió el paso a desarrollar muy diversos negocios, como el comercio electrónico, la digitalización de contenidos o la publicidad *online,* y a revolucionar otros, como la banca, la prensa y el turismo.

Estas dos innovaciones combinadas tuvieron una influencia muy profunda en los controles de seguridad de la información. La difusión de Internet condujo a que creciera exponencialmente lo que los profesionales del sector llaman *superficie de ataque*. De pronto cualquier ordenador de cualquier tipo conectado a Internet tenía acceso a otro ordenador situado en cualquier otra parte de la Red. Y, teniendo en cuenta que la Internet es global, exponía la información corporativa a un número muy elevado de posibles ataques.

Los posibles atacantes ya no tenían que asaltar físicamente una instalación, encontrar un número de teléfono privado o una dirección en una red pública muy restringida, pues desde un ordenador conectado a Internet se podía acceder a millones de otros ordenadores conectados a la misma red pública. Era como si una ciudad de repente se viera rodeada por miles de potenciales atacantes por todas sus vías de acceso.

Adicionalmente, la proliferación de información sensible en todo tipo de soportes, fuera de los sistemas centrales, hacía muy difícil cerrar todos los accesos a ella. Y si en el mundo de las antiguas redes había pocos profesionales al alcance para conocer y violar los protocolos de seguridad, ahora había cientos de nuevos informáticos con conocimientos suficientes para *hackear* los débiles controles de los PC, que no habían sido diseñados con ese fin.

Esta exposición atrajo enseguida la atención de organizaciones criminales. Si gente como Mitnick actuaba en solitario y con fines personales, ahora el crimen organizado estaba en condiciones de reclutar a miles de profesionales para desarrollar formas de obtener dinero aprovechándose de las lagunas de seguridad de los nuevos sistemas, más vulnerables.

Surgieron nuevas amenazas: la captura de datos de tarjetas de crédito utilizadas en transacciones *online,* la oferta de todo tipo de falsos servicios por Internet, el robo de datos sensibles en forma sistemática (por chantaje o para comercialización), la disrupción de sistemas para dañar a un competidor o cometer una extorsión y muchos otros.

En esta época surgió una de las técnicas más comunes para concretar estas amenazas. Tanto, que ya forma parte de nuestro sentido común: el virus informático. Desde hacía tiempo investigadores de la industria venían jugando con el concepto de programas informáticos que se autorreplicaran. Al principio solían estar encerrados dentro de un gran sistema y la capacidad de difusión era escasa pero, con el auge de la microcomputación y luego de Internet, los virus tuvieron un campo fértil para desarrollarse saltando de un ordenador a otro: primero instalándose en los discos flexibles que circulaban entre ordenadores y luego a través de las redes y los enlaces de Internet. Con el tiempo, los delincuentes se dieron cuenta de su potencial para causar daño, robando información o interrumpiendo la operativa normal de una organización, entre otras posibilidades.

4. La noción de perímetro

Desde entonces las empresas se concentraron en proteger el perímetro de la red interna de la organización de posibles intrusiones externas. No ya de personas que pudiesen acceder a un terminal conectado a la Red, sino de cualquier persona o grupo de personas con acceso a Internet.

Al principio se podía hablar de intentos individuales pero, como ya se ha comentado antes, las amenazas evolucionaron hacia verdaderas organizaciones con cientos de individuos trabajando coordinadamente junto con herramientas automáticas. Estos ataques se centraron en intentos de intrusión con diferentes fines fraudulentos, pero también para producir daño con ataques como el de denegación de servicio, por ejemplo.

Pero la industria informática reaccionó. Se desarrollaron herramientas metodológicas y tecnología, como los cortafuegos, para enfrentarse a estas amenazas. La analogía habitual que se usa en la industria para este enfoque es que la empresa es como un castillo rodeado de un foso (el perímetro) patrullado por cocodrilos (el cortafuegos y otros *softwares* de seguridad).

A mí me gusta más ver la compañía como una ciudad de la antigüedad en torno a la que sus arquitectos han levantado murallas para impedir el ingreso de los enemigos y así proteger sus edificios públicos, residencias e infraestructuras.

El cortafuegos es un *software* que bloquea accesos no autorizados a un ordenador mientras sigue permitiendo su comunicación con otros servicios autorizados. Sin entrar en mucho detalle, se puede decir que filtra todos los intentos de comunicación con un ordenador para rechazar los que no cumplen las normas de seguridad y deja pasar el resto.

También surgieron herramientas para enfrentar los ataques DDoS, mitigando sus efectos y separando el tráfico legítimo del generado con el fin de atacar, así como otras para proteger el *software* de los sitios web de la suplantación o las terminales de los puestos de trabajo de virus y *ransomware*.

Por supuesto, también existen decenas de *softwares* para identificar, advertir y neutralizar las campañas de fraude realizadas a través del correo electrónico, los sistemas de mensajería, los sitios web populares y otros medios similares. Es lo que conocemos como *antispam, antiphishing, antiransomware* y otros muchos otros *anti*.

En los últimos 25 años el crecimiento de la superficie de ataque no se ha detenido gracias a la aparición, en las redes de las empresas, de muchos otros dispositivos conectados a Internet: PDA, teléfonos móviles, *tablets, wearables* o sensores inteligentes de cualquier tipo de máquina.

Hoy las cosas parece que vuelven a cambiar. El auge de las soluciones en la nube augura un nuevo cambio de ciclo durante el que la organización y los procesos de control deberán volver a adaptarse. ¿Pero cuál es este nuevo paradigma?

5. La era de la *cloud computing*

El concepto de *cloud computing* (computación en la nube) es muy antiguo. Remite al concepto de *utility computing* esbozado por John McCarthy, uno de los padres de la inteligencia artificial (IA) en... ¡1961! Hace más de cincuenta años, en una conferencia pronunciada en el MIT, dijo: «Si los ordenadores del tipo que yo he promovido se convierten en los ordenadores del futuro, la computación se organizará algún día como un servicio público, como el sistema telefónico... El servicio de computación podría ser la base de una nueva e importante industria[2]».

John McCarthy (1927-2011).

La concepción de *utility computing* comenzó a aplicarse masivamente en el mercado de las grandes empresas durante la década de 1960. Entonces proliferaron las *service bureaus*, compañías de externalización *(outsourcing)* que ponían los grandes ordenadores centrales de la época en un CPD a disposición de muchas organizaciones en modo tiempo compartido *(time sharing)* que cada uno utilizaba de acuerdo con un tiempo y con la capacidad de procesamiento contratada.

Conceptos como *virtualización de un ordenador* provienen de esa época. Se hablaba también ya de *máquinas virtuales (VM)* o de *particiones lógicas (LPAR)*, términos que se siguen usando en la moderna *cloud computing*.

Para lidiar con los problemas de confidencialidad, conservación de los datos, continuidad de procesamiento y otros riesgos de seguridad, como la codificación apropiada de los programas, la industria desarrolló estándares y controles. Las *service bureau* implementaban estas normas y garantizaban a sus clientes la seguridad física del CPD, el aislamiento de sus datos, la integridad de sus programas y · las posibilidades de recuperación en caso de una contingencia. Y luego estaban los auditores de sistemas, que certificaban su integridad.

El concepto cayó en desuso a partir de las décadas de 1980 y 1990 con el lanzamiento del PC y la explosión de las redes locales. Como el procesamiento se había abaratado tanto y podía desarrollarse en cualquier sitio, las grandes *service bureau* no eran tan necesarias, salvo en sectores con requisitos de altísima capacidad de procesamiento, como los bancos o las *utilities*.

Pero ahora se han vuelto a valorizar. Los grandes proveedores de *cloud computing* están empezando a ofrecer niveles de seguridad parecidos a los que se podían obtener en los antiguos CPD, con la ventaja de hacer variables los costes de IT, reduciendo los gastos de capital (CAPEX) y ganando la ventaja de la flexibilidad para provisión de los recursos de computación en tiempo real. Ya no hace falta esperar días o semanas a la entrega de un servidor o de una cabina de almacenamiento, con los problemas de planificación que esto conlleva.

Semejante agilidad hace que el concepto de *cloud computing* sea fundamental en la economía digital porque permite mejor que ninguna otra opción explorar nuevos modelos de negocio, así como otras formas de llegar al cliente, desplegando aplicaciones rápidamente sin grandes inversiones en infraestructura y con una rápida capacidad de reacción.

6. Presente y futuro

Es un hecho que los procesos de las organizaciones de la actualidad son totalmente dependientes de la IT y de las comunicaciones. Cualquier empresa o administración está obligada a disponer de infraestructuras informáticas y de comunicaciones robustas y eficientes, dado que cualquier interrupción del servicio, por menor que sea, conlleva grandes pérdidas económicas o incluso de reputación a veces difíciles de superar. Pero, además, esta robustez y eficiencia se deben alcanzar de forma que sea asequible económicamente para organizaciones de cualquier tamaño.

La forma en la que la industria informática ha dado respuesta a esta necesidad ha sido el desarrollo de recursos compartidos, es decir, el despliegue de medios de comunicación y procesamiento de datos que puedan ser compartidos por numerosas compañías y sufragados de acuerdo con el grado de utilización que cada partícipe haga del recurso. Como hemos visto, bajo este principio funcionan actualmente las redes de comunicaciones corporativas y los recursos de procesamiento y almacenamiento de datos, bajo el paradigma del *cloud computing*.

No obstante, el uso de un recurso compartido como la red, el almacenamiento de datos o los recursos de proceso implica riesgos. El más obvio es el de que otro usuario o el dueño de la red sean capaces de obtener información confidencial de la empresa. Uno de los requisitos para que una infraestructura informática compartida tenga éxito comercial es que cuente con mecanismos que garanticen la privacidad y la integridad de los datos de las distintas organizaciones usuarias.

Mirando hacia adelante, el principal desafío es, como en la década de 1990, desarrollar los estándares y las tecnologías adecuados para la nueva situación. Igual que entonces se inventó el cortafuegos, en las próximas décadas veremos surgir nuevas categorías de *software* de seguridad y habrá que estudiar su aplicación a los procesos de negocio. Si tratamos de imaginar cómo será, todo apunta a que haremos un empleo intensivo de las capacidades de la IA.

El enorme número de dispositivos y aplicaciones hará necesario el análisis en tiempo real de multitud de eventos provenientes de fuentes externas (las aplicaciones en la nube) e internas (los terminales o las porciones de red que aún gestiona la empresa) y tomar decisiones en milisegundos.

Aunque tengamos gran parte de la infraestructura fuera de nuestra capacidad de gestión, seguiremos teniendo que tomar una importante cantidad de decisiones en menos tiempo y en diferentes niveles. En el diseño de los procesos de negocio deberemos considerar que los procesadores que estén en «el borde de la red» (p. ej., un coche o un autobús autónomo) habrán de lidiar por sí solos con un gran número de amenazas sin la intervención de un ser humano. Para ello deberemos aplicar algoritmos de análisis de patrones y sistemas de aprendizaje automático. Se trata de que la Red aprenda a defenderse y sea capaz de responder por sí misma.

En resumen, como les pasaba a las autoridades y empresas del siglo XIV, estamos ante el desafío de adaptarnos a una nueva realidad: la sociedad hiperconectada en la era del milisegundo.

7
LA SEGURIDAD EN LAS REDES DE COMUNICACIÓN

1. El cifrado de información en las redes públicas

Al igual que en el intercambio de mensajes de la Antigüedad o en las redes telegráficas del siglo XIX y principios del XX, la técnica fundamental para garantizar la privacidad en el uso de las redes compartidas actuales es el cifrado de la información.

En Internet el desarrollo de la tecnología *Virtual Private Networks (VPN)* facilita que diferentes usuarios puedan utilizar la red pública de Internet para sus comunicaciones privadas básicamente estableciendo mecanismos de autenticación de usuarios y cifrado de información que, empleando el mismo medio físico, solo permitan el acceso y la interpretación de los datos a miembros autorizados de la organización. En cuanto al almacenamiento y procesamiento de datos en infraestructuras compartidas (digamos que son *cloud services*), se han desarrollado técnicas similares con el mismo fin.

Pero ¿cómo podemos estar seguros de que las redes modernas garantizan la privacidad de las comunicaciones o de que nuestros mensajes de datos, correos electrónicos o ficheros confidenciales no son interceptados durante el tránsito por la Red? Para ejemplificar cómo las redes actuales protegen la información, quizás lo más sencillo sea compararlas con los mecanismos que se usaban en la época de las redes telegráficas y las luchas de las grandes potencias por mantener sus comunicaciones en secreto y decodificar las de sus adversarios.

Otro factor muy importante que contribuyó al desarrollo de la codificación era el coste de las transmisiones. Los telégrafos comerciales tarifaban a sus clientes de acuerdo con el número de palabras transmitidas, y el coste era muy alto durante la primera fase de expansión de las redes, lo que dio lugar a dos procedimientos: 1) se estandarizó lo que hoy aún se llama *lenguaje telegráfico* (acortar el texto mediante acrónimos y abreviaturas o alterando la morfología de las frases sin cambiar su significado) y 2) los grandes usuarios del telégrafo (periódicos, grandes empresas y Gobiernos) codificaban mensajes comunes usando códigos o cifras (p. ej.: «la carga ha llegado a destino» se cifraba con el número 10, lo que ahorraba mucho dinero).

Al estallar la I Guerra Mundial, el Imperio Británico disponía de la All Red Line[1], única red global de comunicaciones de la época. Los estrategas británicos habían identificado correctamente que este activo les daba una ventaja decisiva sobre sus potenciales rivales, tanto comerciales como militares. Por tanto, debían conservar y ampliar esa ventaja todo lo posible. Un 75 % de la red de cables telegráficos del mundo pertenecía a empresas británicas.

La planificación prebélica del almirantazgo daba una importancia de primer orden a la interrupción de las comunicaciones del enemigo. Siguiendo un plan debidamente diseñado hacía años, en la madrugada del primer día de la guerra (5 de agosto de 1914) un navío británico, el CS Alert, «pescó» del fondo del canal de la Mancha los cinco cables telegráficos que unían Alemania con el resto del mundo y los cortó. Otros seis cables pasaban por territorio británico, con lo que la interrupción se produjo en tierra.

A partir de ese momento, Alemania pasó a depender de la radiotelegrafía y de los cables telegráficos de terceros países para comunicarse con sus activos en el extranjero (colonias, empresas, sedes diplomáticas, buques mercantes y militares).

No obstante, la transmisión por radio tenía múltiples inconvenientes respecto a la hecha por cable: la emisión radial era recibida tanto por los activos alemanes como por el enemigo, que podía barrer todas las frecuencias y siempre encontrar la emisión. Aunque las emisiones fueran codificadas, la emisión repetitiva y la disponibilidad de tiempo hacían posible la decodificación de los mensajes por parte del enemigo. Además, las emisiones radiales de 1914 eran fáciles de interferir. En los primeros meses de la guerra, un radiotransmisor ubicado en la torre Eiffel interfirió las comunicaciones de radio alemanas con los ejércitos en la batalla del Marne, contribuyendo a su derrota.

En octubre de 1914 el almirantazgo británico constituyó una unidad para decodificar y analizar los mensajes emitidos por la marina alemana. La llamó *Room 40* por la oficina que ocupaba en el edificio de la Royal Navy. En noviembre de 1914 se designó como director de inteligencia naval al capitán William Reginald Hall. Se podría decir que esta fue la primera unidad de ciberinteligencia global de la historia.

William Reginald Hall
cuando ya era almirante
en 1919.

En marzo de 1915 los británicos capturaron la maleta de un agente alemán en Persia que contenía una descripción del mecanismo de cifrado que se debía utilizar y se lo enviaron a Hall. Ante esta oportunidad, el capitán decidió no limitarse a tratar los mensajes navales emitidos por radio (lo que consiguió muy rápidamente con una mezcla de pericia y buena suerte), sino que se impuso la tarea de interpretar el código diplomático alemán, llamado *13040,* mucho más robusto, y proporcionar inteligencia estratégica al Gobierno de Su Majestad. El libro de claves del 13040 incluía cien páginas de cien palabras cada una. Ordenadas alfabéticamente, cada cifra representaba una palabra, un dígito o un símbolo.

Unos días después, gracias a este hallazgo, los británicos descubrieron atónitos que el tráfico alemán pasaba por sus propios cables, embebido en el código diplomático de un país neutral (Suecia). El éxito no era completo porque los mensajes alemanes no solo se cifraban (sustituyendo un número por otro, según cierto algoritmo), sino que las palabras se reemplazaban con números. Los decodificadores pudieron reconocer la pauta de cifrado, pero no el código. Por tanto, eran incapaces de interpretar el mensaje.

Parte del telegrama descifrado por el *Room 40* con notas a mano.

No obstante, conscientes de que el paso del tiempo hacía más probable que se descubriera el código, los alemanes implementaron un supercifrado y pasaron a realizar sus operaciones con un número aleatorio oculto entre las últimas palabras del mensaje. No obstante, este método no encubría el patrón del código en grupos de tres, cuatro o cinco dígitos. Además, en noviembre de 1916, con el envío del nuevo libro de claves a sus embajadas, adoptaron un nuevo código, el 0075.

Los criptoanalistas se dedicaron a leer todo el tráfico alemán que podían (cuanto más emitían, mejor) para disponer así de muchos ejemplos con los que identificar pautas y poder decodificar completamente los mensajes. Después de dos meses del cambio de código lograron decodificar algunos fragmentos.

En febrero de 1917 el Gobierno alemán solicitó a EE. UU. (que seguía siendo neutral) mediación para llegar a un acuerdo de paz con la entente. En paralelo, su Estado Mayor diseñaba el lanzamiento de una campaña submarina «sin restricciones» cuyo objetivo era cerrar el tráfico mercante por el Atlántico Norte, incluyendo los buques de países neutrales, como EE. UU., para aislar a Gran Bretaña y Francia.

Con la excusa de la mediación, los alemanes solicitaron a EE. UU. permiso para usar sus cables telegráficos en el envío de mensajes codificados a su embajada en Washington con instrucciones referentes a la negociación. De esta forma, decían, se ahorraría mucho tiempo y las conversaciones serían más ágiles.

Esto implicaba para EE. UU. tomar una actitud no neutral. A pesar de la oposición del Departamento de Estado, el presidente Wilson lo autorizó bajo la premisa de que lograr la paz era un objetivo que lo justificaba. Los alemanes empezaron a mandar mensajes a su embajada en forma directa a través de los cables estadounidenses que pasaban por la isla de Gran Bretaña. Por supuesto, sabían que los británicos los interceptarían, pero esperaban que el código fuese lo suficientemente robusto para no ser descifrado.

El 16 de enero de 1917 el ministro de Relaciones Exteriores, Zimmermann, envió a Washington los telegramas 157 y 158 empleando el potente código 0075. El 158 debía ser retransmitido de la embajada en Washington a la de México por la red telegráfica terrestre (y pública) de Western Union en el antiguo código 13040 porque nadie se había ocupado de darle a la embajada en México el nuevo libro de claves del 0075. Por supuesto, los telegramas fueron interceptados inmediatamente y puestos en la mesa del criptoanalista Nigel de Grey.

Después de dos años de analizar el 13040 y de dos meses de estudiar su evolución, el 0075, de Grey tenía suficiente conocimiento del código para hacer una rápida interpretación. Consiguió reconstruir una versión incompleta pero legible del telegrama en apenas una horas. Berlín transmitió el telegrama a las 19:50 h del día 16 y a las 10:30 h del 17 el almirante Hall ya tenía la primera interpretación en su mesa. Era el peor momento para que el código fallara, pues el contenido era explosivo.

El telegrama 157 informaba a Von Bernstorff, embajador alemán en EE. UU., de la decisión de ir a la guerra submarina «sin restricciones» a partir del 31 de enero. El telegrama 158 ordenaba al embajador en México que ofreciera al Gobierno de ese país un acuerdo: si atacaba a EE. UU. por su frontera sur, Alemania garantizaría la entrega al país azteca de los territorios de los estados de Arizona, Nuevo México y Texas al finalizar la guerra. Este último telegrama pasaría a la historia como el *telegrama Zimmermann*. Los británicos habían recibido información crítica dos días antes que su propio destinario, el embajador en México.

Pocos días después los británicos trasladaron el telegrama a los estadounidenses, que reaccionaron con gran indignación. Alemania había utilizado una red estadounidense para confabularse contra el propio Gobierno estadounidense. Esto agregaba vergüenza, además de enojo, al engañado presidente Wilson, quien había autorizado la operación a pesar de los consejos de sus diplomáticos.

La declaración de guerra submarina sin restricciones llevó a que Wilson rompiera relaciones con Alemania. El conocimiento del telegrama Zimmermann simplemente lo obligaba a entrar en la guerra. Además, le permitía generar un clima favorable para unir a su nación en esta causa. El 1 de marzo el Gobierno de Washington filtraba el telegrama a la prensa para que todos los ciudadanos tomaran conocimiento de la «perfidia» alemana. El propio Zimmermann divulgó una nota de prensa admitiendo los hechos.

Pero lo peor para Alemania vino después. Para evitar que los alemanes supieran que el código había sido descubierto, los británicos montaron una compleja trama con el objetivo de hacerles creer que el telegrama se había obtenido mediante sobornos o traición en la embajada en México. Y los alemanes cayeron en la trampa. Por otro lado, el envío del telegrama 158 de Washington a México en el código débil, 13040, permitió llenar los huecos y decodificar completamente el código fuerte, 0075. Increíblemente, Alemania tardó todavía un mes (marzo de 1917) en discontinuar el código 13040 y ¡un año! en darse cuenta de que el 0075 había sido descubierto. Mientras tanto, todos sus cables diplomáticos eran leídos por sus enemigos, provocando otras situaciones muy embarazosas para los germanos.

En esta historia encontramos la mayoría de las técnicas de seguridad de las comunicaciones que hoy se aplican en las redes modernas. Tenemos una red pública global (All Red Line), un operador de la red física troncal (el Gobierno británico), un operador de última milla (los estadounidenses) y una organización usuaria (los alemanes) que tratan de hacer llegar mensajes entre dos puntos por diferentes rutas con total privacidad. Los mensajes se transmiten de tal forma que, aunque puedan ser interceptados, no puedan ser interpretados por un tercero. Se trata de los mecanismos básicos de una VPN actual.

Los mecanismos de identificación y encriptación, con las limitaciones tecnológicas de la época, siguen sus mismas pautas. Los riesgos de intercepción son los mismos. El uso de la Red por potencias u organizaciones enemigas o ilegales ocurre actualmente. Incluso la existencia de un organismo que «escucha» la Red para detectar tráfico relevante para la seguridad anticipa las actuales entidades de ciberinteligencia establecidas por EE. UU. (como las que están en la órbita de la National Security Agency [NSA]).

La lógica subyacente para el uso compartido de la red internacional es la misma que en la actualidad: 1) los beneficios son mayores que la amenaza potencial y 2) es preferible que el enemigo utilice la misma red y podamos escucharlo a que busque (y encuentre) otro medio de comunicación más seguro.

Además, la historia del telegrama Zimmermann[2] ejemplifica la importancia de anticiparse y planificar las medidas de seguridad y continuidad de una red de manera que permita mantener activas las comunicaciones entre las distintas partes de una organización en una situación de crisis. El Comité de Defensa del Imperio británico había hecho una planificación concienzuda de sus recursos y de las posibles contingencias e incluso había previsto la forma de interrumpir las comunicaciones de sus enemigos. La infraestructura existente facilitaba las intercepciones y centralizar el descifrado y el análisis de la información.

En cambio, las autoridades alemanas no previeron las medidas necesarias para anticiparse a la situación de aislamiento. Una medida tan simple como el recurso a múltiples libros de claves, distribuidos previamente, o utilizar distintos o alternos sistemas de codificación hubiesen hecho mucho menos eficaces los esfuerzos británicos.

Esta estrategia es la que actualmente usan las empresas o administraciones que almacenan o transmiten datos en recursos compartidos[3]. Como en 1914, tienen sus propios libros de claves (es decir, soluciones de cifrado o criptografía) con los que encriptar sus datos e impedir que sean interpretados por terceros.

2. Complejidad frente a velocidad de cálculo

La seguridad de las comunicaciones es una batalla entre la capacidad de cifrar la información utilizando algoritmos de creciente complejidad y la de hacerlo rápidamente calculando todas las combinaciones posibles hasta deducir el método o la clave de cifrado. La diferencia fundamental con lo ocurrido en la I Guerra Mundial es que en aquella época los esfuerzos de codificación los realizaban seres humanos solo con papel y lápiz.

Actualmente contamos con una altísima capacidad de procesamiento electrónico de datos que nos permite usar técnicas de codificación mucho más complejas y difíciles de descifrar. En la medida en la que aumente el poder de cómputo, lo hace la seguridad. Solamente cuando el codificador actúa con negligencia o el decodificador tiene una capacidad de cómputo muy superior o dispone de inteligencia obtenida por otros medios puede tener ventaja.

En la II Guerra Mundial ocurrió algo de eso. A diferencia de los libros de claves y códigos estáticos, el III Reich disponía de una máquina codificadora muy buena, Enigma, que mediante una ingeniosa combinación de rotores transformaba una letra en otra.

Cuando los servicios de inteligencia de Polonia consiguieron hacerse con una máquina Enigma, se dieron cuenta de que la cantidad de configuraciones posibles de los rotores hacía imposible que un criptoanalista humano pudiera analizar todas las posibles combinaciones para descifrar el código.

Para hacerlo, los polacos, encabezados por el criptoanalista Marian Rejewski, desarrollaron la llamada *bomba criptológica,* un ordenador capaz de analizar de manera automática y mucho más rápidamente que una persona todas las posibles combinaciones de letras que una máquina Enigma podía producir. En 1939 el diseño polaco fue compartido con los británicos y Alan Turing lo empleó para construir su máquina de descifrado (el proyecto Ultra) en el complejo secreto de Bletchley Park. Aun así, la decodificación llevaba demasiado tiempo. Para reducir el número posible de combinaciones los británicos emplearon además dos atajos o reglas heurísticas.

Las estaciones alemanas enviaban todos los días el pronóstico meteorológico usando la palabra *wetter* (tiempo), que era fácil de trazar. Además, se dieron cuenta de que el diseño de Enigma hacía que la palabra transmitida fuese siempre distinta a la tecleada por el radioperador. Utilizando estas dos reglas lograron decodificar los mensajes a tiempo, toda una victoria atribuible a la gran capacidad de cómputo electrónico que Turing y su equipo habían alcanzado.

Bomba criptológica en Bletchley Park durante la guerra.

Los primeros algoritmos de codificación moderna manejaban claves de 56 bits de longitud, lo que ya sería descifrable. Pero hoy una clave de este tamaño llega hasta los 2048 bits, casi imposible de descifrar con la tecnología actual. Solo podría hacerse con ordenadores cuánticos, miles de veces más rápidos que los actuales pero que todavía están en fase de desarrollo y experimentación. No obstante, cuando esta tecnología alcance la madurez, también podremos codificar la información en ordenadores cuánticos.

Esto hace que, en condiciones normales, las redes de datos basadas en cables que forman una infraestructura compartida sean, por definición, seguras y que el tráfico de mensajes de una organización no pueda ser interpretado por otra accediendo a la misma red o por un espía malintencionado.

La buena noticia es que las empresas y sus directivos en general no deben ocuparse de eso: son los operadores de comunicaciones públicos y privados los que garantizan la seguridad de las comunicaciones. No obstante, actualmente la mayoría de las compañías emplean otro medio para transmitir información: las ondas de radio, en las que se basa la telefonía móvil.

3. El caso de las comunicaciones móviles

En los últimos tiempos la seguridad de los dispositivos móviles ha despertado gran atención. Es natural la preocupación, debido a que la presencia de los *smartphones* en las empresas es algo habitual e imprescindible en muchos casos para la productividad personal o incluso para desarrollar eficientemente algunos procesos de negocios; de hecho, más que otro tipo de terminales informáticos.

Ahora bien, ¿cuáles son las características particulares que hay que tener en cuenta en la seguridad de los dispositivos móviles? ¿En qué se diferencian de las medidas de seguridad habituales que se toman con otro tipo de terminales o de enlaces? ¿Es verdad que estamos ante una amenaza grave para las organizaciones? ¿Hemos de reducir la exposición de nuestros empleados y clientes a la movilidad por estos riesgos?

Por definición, el dispositivo móvil (*smartphone, tablet* o *phablet*) está más expuesto a riesgos físicos que los terminales fijos. Un equipo fijo está protegido por las medidas de seguridad de las instalaciones donde se encuentra, mientras que un dispositivo móvil se halla sujeto a extravíos, hurtos callejeros y accidentes de toda clase. Estas incidencias son mucho más habituales que en los terminales portátiles (laptop) por varias razones: resultan más fáciles de robar, muchos equipos tienen un alto valor de reventa y en general son mucho más frágiles.

De hecho, la Agencia de la Unión Europea para la Seguridad (ENISA)[4] dice que el principal riesgo que corre el usuario de un *smartphone* es físico: la pérdida de información por robo o extravío. Según las estadísticas oficiales, en España se roban unos 280 000 al año. Uno de cada diez *smartphones* españoles ha sido robado. El robo de estos teléfonos móviles en algunas ciudades alcanza proporciones alarmantes y es una de las actividades más lucrativas de los ladrones callejeros. Sin embargo, si observamos los otros dos riesgos altos que identifica la ENISA, no tienen que ver con la tecnología *smartphone:*

- Filtrado de información por un mal uso involuntario por parte del usuario.
- Captura de datos por una mala reposición o el reciclado de equipos.

Es decir, no importa que la tecnología sea más o menos segura; la propia movilidad entraña mayores riesgos y hay que mitigarlos. Tampoco es un elemento novedoso, pues esto ya se había descubierto hace años con las comunicaciones militares.

En tiempos de la I Guerra Mundial, los equipos de comunicaciones eran grandes y pesados y estaban ligados a una ubicación física. Una estación telegráfica o una central telefónica estaban limitadas por el recorrido de sus cables. Una estación de radiotelegrafía necesitaba suministro eléctrico, antenas y operadores especializados. Por eso estaban lejos de las líneas del frente de combate y eran fáciles de proteger con tropas, búnkeres y otras medidas. A la línea de frente se llegaba con mensajeros humanos y a veces por medio de animales (palomas o perros entrenados).

Es algo parecido a lo que ocurría con los equipos comerciales antes de la aparición de la telefonía móvil. A principios de la década de 1990 me tocó ver cómo los equipos comerciales de una empresa de consumo masivo en Argentina se reunían diariamente en «sacas».

Era un punto de reunión prefijado entre el jefe de la zona y los vendedores (normalmente un bar o restaurante) con teléfono donde el equipo se reunía, ponía en común los pedidos y los transmitía telefónicamente a la central y donde el jefe daba a los vendedores las pautas de los días siguientes.

Cuando se pudo comenzar a miniaturizar los equipos de comunicación por radio en la década de 1930, empezaron a acercarse a las líneas del frente, logrando una comunicación más directa y rápida con los centros de comando. La disponibilidad de radio pasó a ser un elemento de ventaja sobre las técnicas más antiguas, algo así como el advenimiento de la telefonía móvil e Internet para las fuerzas de campo en las compañías.

Pronto todo tipo de fuerzas móviles (vehículos terrestres militares, aviones, barcos, submarinos y unidades de infantería) empezaron a utilizar la radio para todo. Pero esta creciente movilidad tenía como contrapartida que ya no era tan fácil proteger los equipos de comunicaciones, ya que estaban por todas partes y resultaba mucho más fácil extraviarlos o que fueran capturados.

La captura de un equipo u operador de comunicaciones en el frente implicaba riesgos: la divulgación de los mensajes ya decodificados y en poder del operador, el acceso a los libros de claves con los que se codificaban los mensajes y el uso del equipo/operador de comunicación apresado para decodificar nuevos mensajes o incluso para mandar mensajes falsos. Por ello, antes de caer en poder del enemigo, la principal obligación de los operadores era destruir los equipos, mensajes y libros de claves; incluso en algunos casos se llegó a eliminar al propio operador, como se puede ver en la película *Windtalkers*.

Sin embargo, pese a los riesgos, nadie dejó de emplear los equipos móviles de radio; por el contrario, su uso se hizo cada vez más frecuente. Las medidas mencionadas anteriormente, por supuesto, reducían la exposición, pero no podían garantizar que ningún equipo fuera capturado y sus secretos divulgados. De hecho, se complementaron con otras estrategias, como:

- **Clasificación de la información según su nivel de sensibilidad** (el daño potencial que puede causar su revelación). La información más sensible (*ergo,* la más potencialmente dañina) debe tener una circulación mucho más restringida, es decir, se ha de limitar el número de copias y retransmisiones, utilizando para ello los medios más seguros y el mayor nivel de protección, lo que podría excluir directamente el uso de las radios portátiles.

- **Fragmentación de la información.** La información no se transmite de forma integral desde la cúpula de las decisiones político-militares. Cada nivel retiene una parte de los datos y transmite hacia abajo solo lo que cada unidad subordinada debe saber estrictamente de forma que, si se pierde información en la línea de frente, las consecuencias tengan impacto directo únicamente en el ámbito táctico de esa unidad.

- **Cambio de códigos y claves con frecuencia.** Para mitigar el problema de que alguien pueda acceder a descifrar mensajes empleando equipos, claves u operadores perdidos, la principal estrategia consiste en que solo a través de mecanismos de doble autorización o doble codificación (que requieren la coordinación de más de un operador) se pueda acceder a ciertos mensajes. Por otro lado, se entrena a los operadores para que dispongan de alguna señal o marca que indique, en caso de ser capturados, que están enviando el mensaje bajo coacción.

De esta experiencia podemos extraer algunas políticas prácticas para un programa de seguridad corporativo (veremos que muchas son tributarias del ya mencionado general Groves):

- **Analizar y clasificar los datos según su sensibilidad.** Los más sensibles deben ser, por definición, escasos. Si estamos clasificando gran cantidad de datos como sensibles, seguramente no estamos midiendo bien la posible influencia de su divulgación. Un buen ejemplo se puede ver en la siguiente figura, que muestra el volumen de documentos clasificados del Gobierno británico según su sensibilidad.

- **Dar acceso a datos sensibles solo al personal imprescindible.** El número de personas con acceso a los datos más sensibles ha de ser muy limitado.

- **Seleccionar al personal adecuadamente.** El personal tiene que estar entrenado y concienciado para limitar la difusión y el número de copias de los datos sensibles en su nivel de responsabilidad.

- **Depurar/eliminar todo dato sensible** cuando ya no sea útil o no tenga ninguna finalidad.
- **Establecer mecanismos de doble autenticación para el acceso a datos y procesos críticos** (como fórmulas/diseños de producto, órdenes de pago, etc.). No se debe poder acceder si no interviene una segunda persona responsable de autorizar un acceso o una transacción.
- **Cambiar las claves con frecuencia.** Hay que establecer mecanismos para protegerlas sin que se generen copias de ficheros de claves, para lo que ya existen muchas soluciones.

Gráfico 7.1. Niveles de clasificación de información en el Reino Unido antes y después de 2014.

Esquema de clasificación de protección del Gobierno (hasta 2014)

Política de clasificación de seguridad del Gobierno (desde 2014)

Ultrasecreta — Secreta — Confidencial — Restringida — Protegida — No clasificada

Ultrasecreta — Secreta — Oficial

Como podemos ver, si aplicamos estos principios, la mayor exposición de los datos por la pérdida o el extravío de equipos móviles se mitiga mucho. Aunque la seguridad perfecta no existe, al menos no aumenta el riesgo en una medida que nos haga desistir de usar estos dispositivos en nuestras operaciones de negocios.

¿Quiere decir esto que no debemos utilizar ninguna tecnología de seguridad en especial para proteger los equipos móviles? No necesariamente. Estas medidas son las esenciales para prevenir los principales riesgos, como señala la ENISA, pero algunas tecnologías específicas permiten mejorar todavía más la seguridad (aunque perderán eficacia si no forman parte de un programa como el mencionado). A continuación enumeramos las más comunes y eficaces:

- **Borrado remoto.** La mayoría de los sistemas de gestión de movilidad para empresas facilitan la posibilidad de realizar un bloqueo y un borrado automático del equipo, reduciendo así la posibilidad de que los datos puedan ser leídos por personas no autorizadas.
- **Antivirus/*Antimalware.*** Los sistemas operativos móviles están siendo invadidos cada vez más por virus y *malware* que pueden causar trastornos, desde el reenvío de datos que el usuario guarda en el dispositivo (como claves o números de tarjeta) hasta el bloqueo de terminales o aplicaciones, lo que causa un problema de pérdida de productividad. Es necesario disponer de alguna capa de protección de este tipo. Los fabricantes apelan a diferentes estrategias al respecto.
- **Políticas de descarga de aplicaciones.** Una de las vías más peligrosas para la seguridad del móvil es el proceso de descarga desde una tienda abierta, como Google Play o Apple Store. Actualmente un móvil corporativo puede configurarse para aceptar o rechazar determinadas descargas de aplicaciones y evitar aplicaciones maliciosas o que puedan poner en riesgo el equipo (p. ej., informando sobre la localización de una persona cuando debe ser confidencial).

En conclusión, el empleo masivo de la tecnología de *smartphone* no agrega mayores desafíos a una organización que cuente con una adecuada planificación de seguridad de la información que incluya un detallado análisis de la sensibilidad de los datos y un adecuado programa de sensibilización y formación del personal, sobre todo entre quienes manejen información más sensible.

8
DEFENDIENDO LAS MURALLAS DE LA CIUDAD

1. El perímetro se desvanece: la ciudad crece extramuros

Durante mucho tiempo la ciberseguridad evolucionó al mismo tiempo que los cortafuegos y otras herramientas similares. A medida que los potenciales atacantes iban desarrollando técnicas de intrusión nuevas, disfrazando de legales sus intentos de comunicación maliciosos e inundando la Red de nuevas amenazas, los cortafuegos se volvían más amplios y resistentes. Era algo así como una batalla entre fabricantes de catapultas y constructores de muros defensivos: unos lanzaban piedras más grandes y otros hacían muros más gruesos.

Sin embargo, hace unos diez años todo empezó a cambiar. Hemos visto que podemos comparar la técnica utilizada para proteger la seguridad de la información en una empresa con las murallas empleadas en la defensa de las antiguas ciudades. Siguiendo esta analogía, podemos comparar lo que está pasando con la ciberseguridad en las compañías con el proceso de expansión de las ciudades en Europa a finales de los siglos XIII y XIV tras la peste negra.

En ese momento la terrible pandemia que había afectado a Europa había terminado. La población, hasta entonces confinada tras las murallas de las ciudades, empezó a crecer rápidamente y a colonizar las tierras extramuros, exponiéndose a un sinnúmero de nuevas amenazas. Las antiguas estrategias defensivas habían quedado obsoletas. De repente había que proteger a un número de personas muy superior en un territorio mucho más amplio y sin la posibilidad de construir un muro un día tras otro.

Se necesitaba un nuevo enfoque para la seguridad de los ciudadanos y de los negocios, con fuerzas más móviles, de respuesta rápida y mayor inteligencia. Para adaptarse, las autoridades dictaron nuevas normas pensadas para una vida sin murallas. Se crearon y entrenaron nuevas unidades de defensa dotadas de carros y caballos, se invirtió en puestos avanzados de vigilancia y sistemas de señales y los arquitectos y constructores trazaron calles anchas, pavimentadas, iluminadas con luz artificial, que conectaban con carreteras y puertos fluviales.

Como las murallas físicas en la época medieval, las murallas virtuales ya no pueden contener a los diferentes agentes y procesos que se desarrollan en la red de una compañía. Las redes de comunicaciones están tomando una forma muy diferente a la que tenían hasta hace solo unos años. Como veíamos en el capítulo anterior, ha llegado la era de la computación en la nube.

Pero esto no solo tiene consecuencias en la forma de proteger comunicaciones y mensajes; el paradigma de la computación en la nube tiene una gran influencia en la manera en la que se almacenan y se accede a los datos en los sistemas de una organización.

En primer lugar, muchas organizaciones utilizan recursos compartidos que se alojan en sitios no administrados por ellas. Pensemos en la abundancia de soluciones de almacenamiento de datos en la nube, algunas incluso gratuitas. Como ocurría con las redes locales de PC en la década de 1990, ahora un departamento cualquiera de una empresa puede adquirir sus propios recursos informáticos en la nube sin pasar por el área de sistemas.

Lo mismo sucede con muchas otras aplicaciones. Toda clase de *software* ofimático, desde planillas de cálculo hasta editores de texto o gestores de bases de datos, se puede utilizar sin instalarlo en la red de la compañía. Y también ocurre con los *softwares* de colaboración, empezando por el correo electrónico o las herramientas de videoconferencia.

Además, un empleado de una organización generalmente tiene un *smartphone* (propio o de la empresa) y utiliza un gran número de aplicaciones (como las de mensajería) para su trabajo sin que nadie pueda controlarlo. A su vez, muchos clientes, proveedores y empleados interactúan con los procesos de la compañía a través de aplicaciones móviles. Además, actualmente un empleado tipo de una organización no está en un puesto de trabajo fijo en una oficina determinada, sino que puede conectarse desde puestos variables, desde su casa o desde la calle, usando una variedad de dispositivos diferentes. Incluso muchas veces necesita comunicarse con su organización desde redes de terceros, como las de un hotel o una cafetería o la red local de un cliente/proveedor.

Ahora hasta las aplicaciones críticas de negocio empiezan a desaparecer del perímetro. Los antiguos CPD comienzan a difuminarse. Las aplicaciones tienden a instalarse en las redes globales de CPD de grandes compañías, como Google, Microsoft o Amazon.

Las enormes economías de escala global de estas grandes empresas (por eso algunos las llaman *hiperescalares*) garantizan una drástica reducción de costes, sin perder funcionalidad y ofreciendo altos estándares de seguridad. Los *softwares* aplicativos están en la nube, sin necesidad de saber exactamente dónde se encuentran alojados físicamente, y se paga por el nivel de servicio recibido.

Para terminar, cientos de miles de «agentes de *software*» se conectan a las redes como si fuesen personas, pero realmente se trata de sistemas que emulan la capacidad de un usuario para acceder a la red e interactuar con las aplicaciones de la compañía. Y entre estos agentes puede colarse alguno sin la debida autorización.

Mientras, las tecnologías siguen evolucionando y la nueva generación de conectividad en las redes móviles (5G) reducirá enormemente el tiempo de respuesta de las aplicaciones móviles, permitiendo su utilización para conducir un coche autónomo, realizar intervenciones quirúrgicas remotas y muchos otros usos que hoy nos resulta difícil imaginar.

Además, la miniaturización de componentes posibilita disponer de mayor capacidad de procesamiento en el terreno. En los últimos treinta años estábamos acostumbrados a los modelos centralizados, en los que la inteligencia de los sistemas se concentraba en un punto de la red: ordenadores pequeños y baratos capturaban información del campo y la enviaban a un punto central donde los programas tomaban las decisiones de proceso. Pero ahora los programas pueden replicarse y ejecutarse directamente en el terreno (en el llamado *borde*) sin necesidad de transmitir la información a ese punto central. Es lo que actualmente se denomina *computación de borde o computación de perímetro*. En definitiva, ya no se diferencia entre el centro y la periferia. Los procedimientos estándar y las listas de verificación tradicionales han quedado obsoletos; hay que buscar un nuevo enfoque.

2. La nueva ciberseguridad en la empresa

El nuevo paradigma de ciberseguridad se parece más a una zona de patrullaje abierta que a una ciudad amurallada. Las murallas seguirán existiendo un tiempo más como perímetro interior, pero es necesario establecer otras medidas de seguridad que protejan los recursos extramuros y en el borde, que tienen funciones y procesan datos igualmente sensibles. El siguiente gráfico muestra cómo:

Gráfico 8.1. El nuevo paradigma de ciberseguridad.

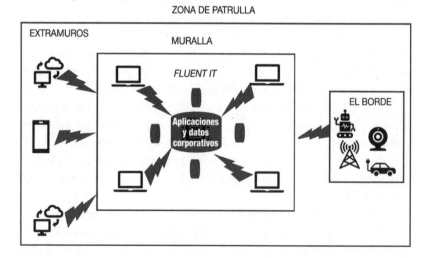

Aunque el esfuerzo de adaptarse al nuevo paradigma parece ciclópeo, tenemos una ventaja: décadas de experiencia de trabajo en metodologías de seguridad de la información nos permiten abordar el problema de forma estructurada y acotar los riesgos. ¿Qué debe tener en cuenta el directivo de una empresa en esta época?

A pesar de que la compañía pierda la gestión directa de los recursos de seguridad más allá del perímetro ya que pasan a gestionarlos terceros (operadores de comunicaciones u organizaciones de computación en la nube), quedan todavía algunos aspectos que hay que cubrir para mitigar los riesgos de ciberseguridad.

Lo primero que se ha de considerar es que en este nuevo entorno no debemos ver la empresa como una ciudad o un emplazamiento fijo que hay que defender, sino como un conjunto de puntos de control a lo largo de las vías o de la cuadrícula de la zona de patrullaje que acompaña el flujo de todos los procesos de negocio desde su diseño.

Por utilizar un modelo muy conocido, hablamos de *ciberseguridad en la cadena de valor de una compañía*. Cada uno de los eslabones, o procesos de negocio, debe incorporar desde el diseño estos puntos de control.

Gráfico 8.2. Cadena de valor de Michael Porter.

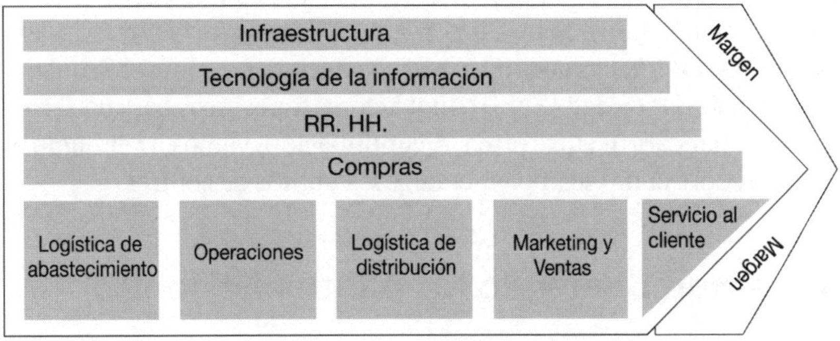

Por definición, la cadena de valor de una compañía (concepto propuesto por Michael Porter) comprende elementos de terceros: proveedores, clientes y consumidores finales. Y una de las principales responsabilidades consiste en establecer un estándar, un nivel de seguridad consistente a lo largo de toda la cadena. Como sabemos, las cadenas se rompen por el eslabón más débil, por lo que se deben fijar estos umbrales de seguridad de forma homogénea y al más alto nivel posible.

¿Cómo funcionan esos puntos de control? Si descomponemos el proceso de la cadena de valor en sus actividades básicas, podemos relacionar cada una dentro de los sistemas, almacenamiento de datos y procesos externalizados que las soportan y evaluar los controles necesarios según su ubicación en el mapa general. Por ejemplo:

- Si se trata de una aplicación que está dentro del recinto amurallado (una sede de empresa), hay que protegerla con un cortafuegos y medidas anti-DDoS.
- Si es una aplicación en la nube, se deben verificar los estándares de seguridad del proveedor y configurar adecuadamente los parámetros de seguridad acordados.
- Si se trata de un proceso externalizado, se han de exigir unos estándares o un nivel de servicio y auditarlo a satisfacción.

Y así ir asegurando cada elemento de la cadena hasta que sea sólida y homogénea. Para establecer estos umbrales disponemos de herramientas muy valiosas en los estándares de seguridad que certifican organismos de calidad y terceras partes. Llevar a una compañía y a sus socios de negocios al umbral más alto posible es una decisión clave porque establece un objetivo, un programa de trabajo. Nos referimos a estándares internacionales ISO, normas nacionales como el Esquema Nacional de Seguridad (ENS) o indicadores específicos para un sector (p. ej., el bancario), entre otros. A continuación, vamos a ver algunos detalles sobre cómo se implementan esos puntos de control.

3. Descomponiendo los puntos de control

Como indicábamos anteriormente, el nuevo enfoque que propone la computación en la nube ofrece un nuevo nivel de abstracción en el que se pierde la visibilidad de los dispositivos y servidores, embebidos en capas de automatización. Los futuros administradores de sistemas gestionarán a usuarios, aplicaciones y datos, abstrayéndose de dónde estén conectados o situados.

Esto implica unos puntos comunes a cada proceso:

- **El propio terminal o dispositivo** (PC, *smartphone* y *tablet*). Es preciso revisar sus funciones de autenticación y encriptación «internas», al margen de la red, y homologar terminales para que cumplan un estándar exigente de seguridad y la monitorización proactiva de los dispositivos.
- **Autorizaciones de acceso.** Hay que gestionar el acceso a las diferentes aplicaciones según la necesidad del negocio. Una cuestión crítica aquí es la coexistencia de diferentes versiones de redes y sistemas. Implica mantener altos los estándares para mitigar los posibles errores de *software* de generaciones anteriores.
- **Componentes de *software*.** Su control se basa en establecer requisitos de seguridad exhaustivos como criterio de peso en la selección de los desarrolladores de *software,* así como en procesos intensivos de verificación de las implementaciones y la auditoría de los códigos fuente.
- **Seguridad de los datos que se utilizan en el proceso.** No se refiere solamente a impedir que terceros puedan acceder a datos de una compañía o a hacer copias de seguridad (eso lo incluyen las soluciones en la nube), sino al acceso a los datos en función de la sensibilidad de la información de los propios miembros de la organización, a controlar las posibilidades de fuga de esos datos y a tratarlos según el grado de sensibilidad y privacidad requerido (exigido por las normas de protección de datos).

Gráfico 8.3. Los cuatro eslabones de la cadena de ciberseguridad.

Dispositivo → Autorizaciones de aceso → Componentes de *software* → Seguridad de los datos

4. Nuestros productos físicos se transforman en información

Por si lo anterior fuera poco, hay otro elemento que amplía aún más la superficie de ataque que debemos controlar: ya no se trata solo de proteger los sistemas de información corporativos, pues nuestros propios productos y servicios, el producto final de nuestra cadena de valor, también se digitalizan. Cambian de átomos a bits de información. En la economía digital todo será un ordenador.

«Más específicamente,
un ordenador en Internet».

«Tu horno es un ordenador que calienta cosas.
Tu nevera es un ordenador que las mantiene frías.
Tu cámara fotográfica es un ordenador con
una lente y un obturador. Un cajero automático
es un ordenador con dinero dentro».

«Tu coche era un dispositivo mecánico con algunos
ordenadores dentro; ahora es un sistema distribuido
de 20-40 ordenadores con cuatro ruedas
y un motor».

Las anteriores son frases extraídas del libro *Click here to kill everybody*[1] (2018) del experto en ciberseguridad Bruce Schneier. Según él, la misma regla es aplicable a cualquier tipo de dispositivo: teléfonos móviles, termostatos, aparatos de iluminación... prácticamente cualquier cosa. Además, describe un futuro casi apocalíptico (recordemos el marketing del miedo): «Los riesgos de una Internet que afecte al mundo de una manera física y directa son crecientemente catastróficos».

La tesis de Schneier se basa en dos hechos difíciles de rebatir:

1. Las funciones de seguridad de nuestros ordenadores y *smart-phones* serán las funciones de seguridad de todo. Por tanto, todas las amenazas a la seguridad de los ordenadores se aplicarán a todo, entendiéndose por *todo* termostatos, coches, neveras, audífonos, cafeteras, etc.
2. Todo el conocimiento acumulado en materia de ciberseguridad será aplicable a todo.

No es ya que las empresas manejen activos *softwarizados,* sino que muchos productos terminados que hoy fabrican ya lo están o pronto lo estarán al 100 %. Basta con comparar un coche actual con uno fabricado hace veinte años.

La visión de la ciberseguridad que propone Schneier es la de una carrera armamentística entre atacantes y defensores. En su obra enuncia los desafíos a los que habrá que enfrentarse para garantizar la seguridad de un ordenador conectado a Internet y urge a Gobiernos y reguladores a entrar en acción para evitar la anunciada catástrofe.

La advertencia proviene del hecho de que las principales medidas para asegurar el *software* no son novedosas, pero sí voluntarias; es decir, muchos de los fabricantes de estos equipos de uso específico que se han transformado en ordenadores los conocen, pero no los aplican completamente por fallos de sus desarrolladores, por saltarse etapas para reducir los tiempos de entrega o por utilizar componentes que ya son vulnerables.

Por eso Schneier aboga por una regulación y estándares más estrictos que permitan reducir las vulnerabilidades. Aun así, es escéptico acerca de que estos principios se adopten rápida o masivamente. Finalmente, pone todas sus esperanzas en que la investigación y el desarrollo en ciberseguridad produzcan más «ideas, creatividad y tecnología» para ganar esta «carrera armamentística» porque esas ideas «están ahí afuera».

¿Qué puede hacer una organización ante este panorama? Schneier sostiene que como miembros de la sociedad y de la comunidad empresarial debemos hacer todo lo posible para lograr que los reguladores tomen la iniciativa y mejoren el marco normativo general para hacer una Internet más segura. Pero sobre todo nuestra responsabilidad es superarnos y no ser merecedores de la desconfianza de Schneier. Las empresas pueden hacer muchas cosas para implantar programas de calidad en sus procesos de desarrollo de productos y servicios digitales. Lo que se ha logrado en optimizar la calidad de la producción física tiene que conseguirse en la producción de *software*.

5. El acceso único a la red

Sin embargo, todos estos procesos de negocio tienen necesariamente un elemento común: el acceso a la red. Para poder interactuar con cualquier proceso de negocio cualquier usuario primero tiene que poder acceder a la red de la empresa. No sería muy eficiente multiplicar los directorios de empleados en cada uno de los procesos de la cadena de valor, pero sería engorroso y complicado actualizarlos para mantenerlos sincronizados, lo que además aumentaría la probabilidad de error.

Por eso incluso en este nuevo modelo hay una capa común de identificación y validación de usuarios: lo que típicamente se produce a través de una palabra (pública) que nombra al usuario y una palabra (privada) que es la contraseña que lo reconoce como legítimo ante el sistema. Se forma así un directorio único, gestionado centralizadamente, donde aparecen todos los agentes capaces de acceder a los recursos (sistemas y aplicaciones) de la organización.

Como hemos visto, las VPN cumplen la función de validar la combinación de usuario/contraseña que intenta acceder a la red a través de Internet, además de encriptar todo lo que pasa por ese enlace e invisibilizar para terceros los sitios por donde está navegando el usuario. Incluso el proveedor de Internet a través del que está conectado solamente sabe que está llegando hasta las puertas de la red de su empresa. Digamos que funciona como un túnel para entrar y salir de las murallas de la ciudad sin que nadie pueda verle.

Sin embargo, en el nuevo paradigma la muralla ya no protege de todos los riesgos, dado que los recursos a los que accedemos ya están desperdigados dentro y fuera de la ciudad. Una VPN podría proteger los de dentro, pero no los de fuera. Además, el túnel tiene un problema: si un intruso captura la contraseña de un usuario legítimo, podría usar el mismo túnel para colarse dentro de la ciudad y atacarla desde dentro.

Por eso las funciones de este proceso común de identificación y acceso están cambiando y ha aparecido un nuevo paradigma para modelar el primer nivel de acceso a la red de la organización dirigido a los recursos que se conecten desde «extramuros»: el acceso a redes de confianza cero (ZTNA).

Este mecanismo requiere que, además de validar usuario y contraseña, se autentifique el contexto del usuario: desde dónde se conecta, con qué dispositivo, con qué frecuencia y otros parámetros. De esta forma se intenta descubrir e impedir el paso de intrusos que se hayan adueñado de una contraseña.

Por otro lado, la confianza cero agrega una capa de invisibilidad entre el usuario y la red, impidiendo que este pueda siquiera visualizar qué otros ordenadores, servidores o aplicaciones están en la misma red, salvo que tenga autorización explícita. El túnel lo comunica directamente con el domicilio de la ciudad que el usuario está autorizado a visitar, pero no puede salir de allí ni ir a ninguna otra parte. Al mismo tiempo, se determinan rutas seguras para llegar desde la ubicación del usuario hasta los sitios donde se almacenan recursos fuera de la ciudad, agregando una capa de protección que las VPN no podían dar.

Este nuevo esquema permite un poco más de flexibilidad al directivo en dos aspectos: establecer los criterios para que un usuario se considere legítimo en la red y los recursos internos y externos a los que ese usuario legítimo tiene acceso según las políticas corporativas que se definan.

6. La concienciación es la clave

En el nuevo paradigma hay un elemento inalterable: las personas. Como se ha repetido a lo largo de estas páginas, sea por malicia o por negligencia, las amenazas que surgen desde dentro de la organización son las más peligrosas. Por tanto, la concienciación de los empleados y de terceras partes constituye una responsabilidad indelegable. De nada sirve establecer unos exigentes estándares de ciberseguridad si descuidamos el factor humano.

Este programa de concienciación debería centrarse en estos tres elementos:

1. Buenas prácticas para desarrolladores (y no solo programadores, pues hoy muchas compañías desarrollan aplicaciones corporativas en equipos transversales).
2. Cursos y material de concienciación (p. ej., cómo detectar posibles acciones maliciosas que incluyan los fraudes más comunes).
3. Procedimientos de respuesta ante un incidente (incluida la simulación de ataques).

Como hemos visto en el caso del Proyecto Manhattan, todo esto debe ir acompañado del establecimiento de un mensaje positivo sobre los objetivos de la organización y los procesos en los que participan los empleados.

7. Pruebas, gestión de crisis e inteligencia

Ante todo, hay que ser conscientes del problema y operar en consecuencia. Esto quiere decir que, si estamos llamados a ser empresarios que transforman un determinado negocio digitalizando *(softwarizando)* funciones que antes se realizaban de otra manera, hemos de ser estrictos en la aplicación de los principios de ciberseguridad en el desarrollo de nuestros productos y servicios digitales.

Por ejemplo, si vamos a confiar decisiones críticas a nuevos agentes electrónicos, no debemos olvidarnos de la seguridad en un sentido muy amplio: no basta con proteger cada sensor o algoritmo de los *hackers;* es necesario diseñar un completo plan de pruebas, unas medidas de contingencia que abarquen todas las potenciales situaciones de riesgo que podamos prever y formar al equipo para manejarlas. Recordemos el caso del vuelo 447.

En el otro extremo, si somos usuarios de tecnologías digitales, tenemos que ser conscientes de sus vulnerabilidades y, otra vez, garantizar la seguridad de los procesos de negocio «extremo a extremo» mediante pruebas y controles intensivos.

Pero eso no basta. Como nos enseña el almirante Sprague, siempre pueden aparecer situaciones de crisis que no se han podido prever. Se trata de un riesgo inherente a la seguridad en general. Para abordar este problema, pueden ayudarnos a prepararnos algunas recomendaciones de los expertos militares. Por ejemplo, si nos basamos en las sugerencias del Dr. Michael Handel, profesor de estrategia del U. S. Naval War College, adaptadas a la ciberseguridad, podemos:

- Actualizar los procedimientos de seguridad en la eventualidad de un ataque sorpresa: planes de contingencia detallados, simulaciones y ensayos.
- Preparar especialmente la protección de los activos críticos de modo que en toda situación los recursos críticos del negocio puedan seguir operando, aunque algunas infraestructuras no estén operativas.
- Desarrollar planes para disponer de todos los RR. HH. de forma acelerada ante un ataque. Probar y ensayar el tiempo de respuesta rápidamente.

- Planificar contrasorpresas, que pueden ser de dos tipos:
  1. Preparar falsos agujeros de seguridad, simular la protección de ficheros con datos irrelevantes.
  2. Estar preparado para contraatacar las infraestructuras desde las que se dirige el ataque.

El Gobierno de EE. UU. se ha tomado muy en serio las enseñanzas de la historia. Desde 2000 se realizan ejercicios en el ámbito nacional para «prevenir, proteger de, responder a y recuperarse de ataques terroristas a gran escala con armas de destrucción masiva» y para responder a diferentes catástrofes naturales. Desde 2012 se comenzaron a incluir los ciberataques a gran escala como uno de los escenarios de estos ejercicios de preparación.

En España desde 2012 el INCIBE ha actuado como coordinador en la ejecución de ciberejercicios para el sector privado que consisten en distintas pruebas para entrenar la capacidad de respuesta de una entidad ante circunstancias que podrían darse en situaciones reales. Los potenciales participantes son los operadores de servicios esenciales y operadores críticos invitados por dicho organismo. En el ámbito europeo la ENISA desarrolla un ejercicio internacional cada dos años.

Adicionalmente, para minimizar las sorpresas, podemos informarnos acerca de estos modos (e intenciones) de ataque a través de fuentes de inteligencia de muy diverso tipo: foros, fabricantes, grupos de usuarios, organismos de control y servicios *online,* intentando anticiparnos y establecer medidas de protección para el más amplio espectro posible de amenazas. No obstante, la mayor parte de estas fuentes se basan en experiencias de ataques pasados.

El atacante siempre tiene la ventaja de preparar con tiempo nuevas modalidades de ataque y poder elegir tanto el momento como a su víctima, tratando de no dejar rastros que puedan comprometerlo. El primer golpe es normalmente el más efectivo, puesto que a partir de ahí ya existe una experiencia que se puede analizar para esbozar medidas preventivas. Por eso, con el objetivo de evitar nuevas víctimas, hoy se insta de distintas maneras a compartir y reportar la información sobre nuevas formas de ataque, incluso por imperativo legal en algunos países.

Aun sabiendo esto, es muy posible que alguna vez en su historia una empresa sea víctima de un ciberataque para el que no está preparada; es decir, que sus medidas preventivas no hayan podido evitarlo o rechazarlo antes de recibir daños. Sin embargo, esto no es para desesperarnos: tenemos muchas formas de minimizar las probabilidades de que el atacante nos sorprenda. La más evidente consiste en reunir toda evidencia posible de que se está preparando un ataque de un nuevo tipo. Y como en esta clase de ataques carecemos de fuentes directas, podemos intentar utilizar aproximaciones indirectas, como identificar «tanteos» potencialmente agresivos o hacer pruebas para demostrar la eficacia de una nueva tecnología y otras anomalías. Nuevamente aquí la colaboración entre distintas organizaciones y autoridades es muy importante.

8. Un modelo de gestión de la ciberseguridad

Resumiendo los conceptos que hemos visto, nuestro modelo de gestión de la ciberseguridad tendría esta forma:

Gráfico 8.4. Modelo de gestión de la ciberseguridad.

Los cuatro bloques de la parte superior son funciones de soporte que deben desarrollarse transversalmente en todos los procesos informatizados y servicios digitales de la organización, mientras que los cinco bloques verticales y sus *checkpoints* se repiten en cada uno de los siguientes casos:

- Procesos informatizados: sistema de planificación de recursos empresariales *(Enterprise Resource Planning [ERP]),* sistemas de RR. HH., gestión del cliente, *reporting* y planificación de la producción.
- Productos digitalizados o *softwarizados:* coche conectado, nevera *online* y drones, si es el objeto de la compañía.
- Servicios digitales: reservas/compartición de recursos *online,* servicios de localización e información y otros.

Si queremos tener una visión completa de la ciberseguridad en la compañía, debemos desgranar todos estos procesos, servicios y productos digitalizados en un inventario como el siguiente. Por ejemplo, supongamos el mapa de sistemas de una empresa de automoción:

Gráfico 8.5. Ejemplo de mapa de sistemas de una empresa de automoción.

Referencia	Dispositivos	Autorizaciones	*Software*	Datos
Plataforma de comercio electrónico	Web	Perfiles y accesos	Código de un sitio web	BB. DD./ Repositorios web
Aplicaciones de empleados	Móviles	Perfiles y accesos	Código de la aplicación	BB. DD./ Interfases
ERP	PC	Perfiles ERP y acceso a funciones	Código del ERP y *custom*	BB. DD. de ERP
Coche *softwarizado*	Coche	Perfiles de usuarios de coche	Código de aplicaciones del coche	BB. DD. de coche y externas
Aplicaciones de propietarios de coche	Móviles	Perfil del propietario del coche	Código de aplicaciones	BB. DD. y mensajes relacionados con el servicio del coche
....				

Por supuesto, en cada empresa y sector el inventario será diferente en función de la actividad. En un hotel identificaremos los sistemas centrales o fundamentales para el negocio *(core):* el sistema de reservas (web y aplicación), así como los sistemas domóticos de las habitaciones o las *amenities* digitales en las zonas comunes del hotel.

Al final de este proceso tendremos una radiografía completa de todos los elementos que debemos proteger con medidas de ciberseguridad en la empresa.

9
LA PARADOJA DE LAS PYMES

1. Evolución de la ciberseguridad en las pymes

Como comentábamos en la primera parte, en los últimos años hemos leído en los medios de comunicación impactantes historias sobre ciberataques producidos contra grandes empresas o Gobiernos. Sin embargo, hay miles de otras historias que pasan desapercibidas y afectan a millones de pequeñas empresas y ciudadanos en todo el mundo.

En un informe de la consultora Price Waterhouse Coopers (PWC)[1], citado por el portal *WeLiveSecurity,* ya en mayo de 2014 se calculaba que de manera global tenía lugar un promedio de 117 000 ataques al día, con un crecimiento superior al 30 % anual.

Mirando más cerca, un informe del INCIBE diez años atrás afirmaba que una cuarta parte de las pymes en España habían sufrido incidentes relativos a la seguridad de la información. Y esto teniendo en cuenta la presunción de que una gran parte no son reconocidos y ni siquiera identificados. La tasa de incidentes sube al 46 % cuando la empresa contaba con un especialista en seguridad.

Tres años después, en marzo de 2015, ZeedSecurity afirmaba que de todos los incidentes de seguridad en España el 70 % se producen en empresas con menos de cien empleados[2] y que según un par de estudios España era ya el tercer país en cantidad de ataques, aunque resulta muy difícil realizar este tipo de mediciones de forma homogénea a causa de las diferentes formas de contabilización que existen.

Al mismo tiempo, todos los estudios de mercado de esa época coincidían en lo siguiente: globalmente, en las grandes compañías la inversión en ciberseguridad estaba aumentando poco; un 5 % según PWC, un poco más en Europa, pero lejos de los crecimientos anteriores.

Los informes también indicaban que la inversión estaba disminuyendo en las pymes, tanto globalmente como en las distintas regiones. Y eso justo en el momento en el que se daba la mayor expansión de incidentes en las pymes. ¿Qué estaba pasando? En 2015 estaba empezando a analizar estas tendencias cuando se me ocurrió hacer una analogía con la batalla del Atlántico en la II Guerra Mundial.

2. La nueva batalla del Atlántico

Como sabemos, el objetivo de la Alemania nazi era interrumpir el abastecimiento de materiales, soldados y alimentos por mar a Gran Bretaña para obligarla a rendirse o al menos a neutralizar cualquier acción ofensiva mientras durara la guerra con la URSS.

Para el responsable de esta misión, el almirante Karl Dönitz, la lógica de la batalla del Atlántico se basaba en un principio bastante simple: la guerra del tonelaje. El desafío era hundir más barcos que los que el enemigo pudiese reemplazar en el mismo período de tiempo, lo que implicaba competir contra toda la industria naval del Imperio británico y de EE. UU., que, aunque entró en guerra formalmente en diciembre de 1941, siempre fue el principal proveedor de Gran Bretaña.

Basado en esta lógica, Dönitz dirigía sus sumergibles hacia las áreas donde se pudiera obtener el mayor número de hundimientos al menor coste en pérdidas de submarinos. Así, si el enemigo protegía el golfo de Vizcaya, ordenaba atacar la desprotegida costa atlántica estadounidense; si conseguía mejorar la vigilancia en la zona, enviaba sus unidades al Caribe. Y así de forma continua.

La culminación de esta táctica fue la implementación de las llamadas *manadas de lobos*. Los Aliados estaban convencidos de que la seguridad de sus barcos mejoraba concentrándolos en grandes convoyes protegidos por numerosos destructores, cruceros y portaviones. Dönitz respondía a esa medida concentrando grandes cantidades de submarinos que mandaba contra el mismo convoy. Apenas un sumergible detectaba uno, transmitía la posición al cuartel general en París y desde allí Dönitz ordenaba a toda unidad cercana navegar a toda prisa para concentrarse en un punto y lanzar un ataque conjunto.

Durante mucho tiempo esta táctica dio unos resultados impresionantes. A pesar de que las bajas alemanas eran elevadas, las de los Aliados lo eran mucho más. En marzo de 1943 se batió el récord total de tonelaje hundido, que superaba en mucho el que los astilleros de los Aliados eran capaces de producir, mientras que el número de submarinos no paraba de crecer. De seguir con ese ritmo de pérdidas, el desembarco en Normandía, programado para el verano del año siguiente, no podría tener lugar.

Sin embargo, en mayo de 1943 los Aliados lanzaron una contraofensiva largamente planeada. Aviones en gran número volando por turnos, algunos desde tierra, otros desde portaviones en diferentes cuadrantes, cubrían el Atlántico Norte durante las 24 h. Un nuevo radar aéreo permitía a los aviones detectar a los submarinos incluso de noche y bombardearlos por sorpresa cuando salían a recargar aire y baterías. Decenas de corbetas ligeras y rápidas salían a patrullar las costas por turnos dando gran protección al tráfico costero. Todo al mismo tiempo.

En menos de un mes Dönitz se dio cuenta de que había perdido la partida. Los Aliados hundieron casi dos tercios de los submarinos en el mar, reduciendo al mínimo sus pérdidas. La ecuación se había invertido: ahora eran los alemanes los que perdían más barcos de los que podían construir, mientras que los Aliados eran capaces de multiplicar su tonelaje. El almirante alemán sabía que no podía seguir así o su flota de submarinos se extinguiría.

Manteniendo su fría lógica hasta el final, volvió a buscar el equilibrio. Retiró a sus unidades supervivientes del Atlántico Norte y las envió a rutas mucho menos patrulladas: el Atlántico Sur, la costa sudafricana y el Océano Índico. Ya no podría barrer al enemigo, pero intentaría obtener la mayor rentabilidad posible de su actividad reducida, marginal. De esta forma disminuyó el número de pérdidas a un número tolerable y volvió a «hacer rentable» la actividad submarina.

¿A cuento de qué viene esto? Lo que estaba ocurriendo no era tanto que estuviesen aumentando los incidentes sobre las pymes, sino que estaba disminuyendo la proporción de ataques efectivos sobre las grandes empresas. Las enormes inversiones en ciberseguridad realizadas por estas y por los Gobiernos, que según PWC se duplicó entre 2010 y 2013, habían empezado a tener efecto en los últimos años. Los grandes convoyes ya no resultaban tan rentables.

En conclusión, se anticipaba que la siguiente generación de ataques iba a ser menos espectacular, pero no menos dañina. El gasto en pymes no aumentaba porque no había todavía percepción de este riesgo. Según diferentes estudios, los empresarios de pymes seguían pensando que este era un problema de las grandes corporaciones o de los sectores de alto riesgo.

Por supuesto, los que sufrieron o percibieron antes la amenaza padecerían menos consecuencias que los rezagados, aunque era de esperar que la inversión en ciberseguridad en las pymes aumentara de todos modos en el largo plazo. Pero no en forma lineal, debido a que la industria buscaría soluciones más eficientes para atender a compañías más pequeñas y ganar escala.

En el fondo, Dönitz nunca abandonó la ilusión de volver a disputar la batalla del Atlántico Norte, pero era consciente de que para ello necesitaba una profunda evolución tecnológica que equilibrara la balanza contra la vigilancia aérea continua. En cuanto retiró sus submarinos del frente, puso a trabajar a sus ingenieros en otras soluciones. El resultado fue el submarino Tipo XXI, capaz de permanecer sumergido durante semanas y navegar bajo el agua a grandes velocidades, entre otras mejoras.

El corolario de esto es que las grandes organizaciones no pueden descuidarse. No deben bajar la guardia, pese al éxito que acompaña a las mejoras implementadas en sus esquemas de ciberseguridad. Los delincuentes siguen trabajando activamente en desarrollar nuevas amenazas efectivas contra sus sistemas. Al menos en este aspecto no creo que pueda decirse que la guerra ha terminado.

3. La ciberseguridad como factor clave para la supervivencia de las pymes

Hemos visto, entre las pymes, consideradas globalmente y hasta hace pocos años, parecía no existir esa consciencia de riesgo en la ciberseguridad. Quizás en algunos países con economías más concentradas las incidencias graves en este sector no tengan gran impacto, pero en un país como España, donde el 98 % del tejido empresarial está compuesto por pymes, hay que dedicarle una atención especial.

En enero de 2016, en plena recuperación después de largos años de crisis, la Encuesta de Población Activa desvelaba una caída histórica del número de parados en España durante 2015: 678 200 personas. Un día después se informaba de una subida del PIB del 3.2 % en el mismo período, el mayor ascenso en ocho años.

Si segmentamos el mercado según el tamaño de las compañías, la gran mejora del empleo siempre se produce en el segmento pyme, que es el que crea más empleo en España. En 2015 se generaron unas 75 000 empresas, dato un 25 % superior al del crítico año 2009, aunque todavía lejos de las 125 000 que se crearon en 2007.

En definitiva, para crear empleo en España necesitamos que la apertura neta de empresas se acelere. El concepto *neto* es fundamental porque la «mortalidad infantil» de las pymes es tradicionalmente muy alta. Incluso en épocas de auge económico (2001-2007), un 17-21 % de las pymes no terminaron su primer año y un 50 % desaparecieron en cinco años o menos.

En los últimos años el énfasis se ha puesto en la creación de nuevas empresas. El término *emprendedor* se utiliza ahora con más frecuencia que el de *empresario*. Los medios de comunicación, los partidos políticos, las entidades financieras, los distintos niveles de administración, las universidades y las escuelas de negocios, todos alientan a los emprendedores.

La cultura de las *startups* se ha impuesto, apoyada muchas veces en el esfuerzo de profesionales con talento que son ejemplo de éxito y otras veces en la ruptura de las barreras para abrir nuevos negocios, generalmente basados en el acceso a Internet: aplicaciones, *blogging*, *youtubers,* etc. Por otro lado, muchos estímulos gubernamentales se han dirigido a la creación de empresas: reformas laborales, tarifas planas de la Seguridad Social, ley de Segunda Oportunidad, financiación barata y diferentes gamas de subsidios.

No obstante, un nuevo negocio está expuesto a multitud de riesgos, adicionales a los de acertar con el proyecto, la situación económica, una correcta gestión o el propio modelo de negocio. En una economía que se digitaliza rápidamente, donde casi todos los negocios tienen algo que ver con Internet, uno de estos riesgos crecientes es el de la falta de seguridad de la información.

Un estudio de la National Cyber Security Alliance[3] indica que cada año una de cada cinco pequeñas empresas en EE. UU. es víctima de un cibercrimen. A ello hay que sumar que el 60 % de las atacadas exitosamente desaparecen en menos de seis meses.

Más aún, entre todas las pymes, las de nueva creación son las más expuestas por razones evidentes: inexperiencia, infraestructuras en construcción o en crecimiento y problemas de recursos. La ciberseguridad, excepto en algunos negocios sensibles, no es la primera preocupación del emprendedor, más urgido por la financiación, el nivel de ventas, su calidad de producción o el servicio al cliente.

En este contexto, ¿cómo se puede ayudar a estas nuevas compañías? Por supuesto, con una campaña de sensibilización, pero también reforzando los conocimientos de los profesionales de IT que asesoran a estas empresas: tiendas, pequeños consultores independientes y subcontratistas *(outsourcers)*. Los programas en universidades y centros de formación deberían reforzarse periódicamente con nuevos contenidos en ciberseguridad, así como se exige a las fuerzas de seguridad que deben combatir los ciberdelitos.

Adicionalmente, es preciso que la industria tecnológica ponga a disposición de los emprendedores herramientas que les permitan defenderse de estas amenazas basadas en servicios compartidos, con grandes economías de escala, servicios en la nube y que posibiliten acceder a unos niveles de protección parecidos a los de las grandes empresas a un coste asequible. Esto no solo es un buen negocio en sí, sino que también alarga la vida de los negocios, facilita su crecimiento y fideliza a los nuevos clientes.

Finalmente, se debería exigir mayor responsabilidad a los emprendedores. Tradicionalmente, los reguladores han puesto el énfasis en los prestadores de servicios, pero, como ocurre en el mundo físico, sería importante que las nuevas empresas estuvieran obligadas a cumplir unas normas de protección mínimas, sobre todo en la visibilidad de las transacciones, la identificación de usuarios y la propagación de *malware* y otros, no solo en la protección de datos personales.

4. La seguridad en las pymes de España

Unos meses antes de la pandemia, Telefónica Empresas publicó los resultados de un estudio cuantitativo y cualitativo de mercado a partir de una muestra de 1200 pymes que arrojó resultados sorprendentes: una de cada cinco compañías había sufrido un ataque informático en el curso de los doce meses anteriores[4]. Este porcentaje se ve confirmado por el informe Escudos 2021 elaborado por la agencia de suscripción de seguros Exsel[5].

El citado estudio de Telefónica destacaba que:

- Una de cada cinco entidades afectadas había perdido información importante.
- Una de cada tres había sufrido perjuicios económicos o realizado una inversión adicional para subsanar la situación.
- Más de la mitad de esos ciberataques iban dirigidos a compañías de menos de diez empleados.

Respecto del estudio cualitativo destacaba que el grado de concienciación en ciberseguridad de las pymes era mucho más alto del esperado: casi todas las empresas que habían sufrido algún incidente de seguridad habían tomado medidas para subsanarlo y no discutían la necesidad de desplegar nuevas y mejores soluciones para prevenir nuevos ataques. En segundo término, se identificaban algunas preocupaciones comunes a las compañías de este segmento:

- La amenaza de virus avanzados o *ransomware* (mucho más frecuente de lo que parecía).
- La protección de las redes ante intentos de intrusión o robo de datos (teniendo muy presente el cumplimiento de la Ley Orgánica de Protección de Datos [LOPD]).

- El respaldo de datos y documentos ante contingencias o pérdidas de servicio por incidencias de cualquier origen.
- La necesidad de obtener mayor eficacia en:
  - La verificación de la identidad del usuario cuando está en itinerancia.
  - El resguardo de documentos con datos privados de terceros (p. ej., firmas digitales, especialmente en algunos sectores, como salud, transporte o farmacia).

¿Qué estaba pasando? Simplemente, que los delincuentes habían advertido que requiere mucho menos esfuerzo y, en definitiva, es más rentable lanzar cientos de pequeños ataques sobre «blancos» menos protegidos que un gran ataque sobre un objetivo que puede invertir mucho dinero en proteger sus activos digitales. Es decir, derribar las altas barreras de protección de las grandes compañías precisa bastante tiempo y los ciberdelincuentes tienen más opciones de fracasar, por lo que prefieren intentarlo en organizaciones con menor capacidad de inversión en seguridad y, al ser un mercado masivo y más fácil de atacar, estas ofensivas terminan siendo más rentables para el criminal.

Se desprende de los estudios anteriores que, además del robo de dispositivos con datos confidenciales, cuyo reemplazo supone un perjuicio patrimonial directo para la empresa, las incidencias más comunes tenían que ver con dos casuísticas expuestas anteriormente: *phishing* y *ransomware*.

Algunas pequeñas empresas seguían sin hacer frente a estos riesgos por un falso mito: «No soy una víctima potencial porque mi información no es valiosa». Sin embargo, aunque aún había empresarios que seguían pensando que el pequeño tamaño de su negocio era una protección natural contra los *hackers,* el principal problema no era la falta de concienciación, sino la dificultad de encontrar propuestas asequibles para sus limitados presupuestos.

5. Una demanda insatisfecha

Las conclusiones de los estudios citados permiten concluir que las principales soluciones a las amenazas a las que se enfrentaban las pymes en materia de ciberseguridad eran las siguientes:

- Proteger el puesto de trabajo (fijo o móvil) contra robos y virus.
- Bloquear las amenazas que a través de la navegación en Internet pudiesen penetrar en los sistemas de la empresa.
- Optimizar los procesos de identificación/firma de documentos.

El segundo punto es el más importante. Aunque la penetración de antivirus en las pymes todavía es mejorable, sobre todo en el ámbito móvil, ya está muy extendida, y los posibles clientes de servicios de firma se limitan a unos sectores con una carga de papeleo muy alta (farmacias, consultorios médicos, gestorías y similares). En cambio, proteger la navegación supone todo un reto en el ámbito empresarial. Ya existían soluciones para filtrar el contenido tanto en las grandes empresas con grandes plantillas en movilidad como en lo referido a usuarios residenciales, aunque estos fueran servicios masivos sin ninguna personalización.

Pero las pymes no son personas; seguían siendo empresas, aunque más pequeñas, y teniendo la misma necesidad de que cualquier solución de ciberseguridad se adaptara a su negocio particular. Esto implicaba la existencia de un administrador capaz de controlar el acceso de los empleados y a terceros a la red, la instalación y actualización de los antivirus e incluso el establecimiento de políticas de bloqueo de contenidos de Internet por categorías.

Por otro lado, las soluciones para pymes tienen que ser lo suficientemente sencillas para que las puedan gestionar personas sin conocimientos avanzados de ciberseguridad. Una pyme no puede contratar a un experto a tiempo completo —muchas veces ni siquiera a un técnico informático— y casi siempre debe depender de terceros: pequeños integradores, tiendas o gestorías que externalizan la gestión de sistemas contratando una dedicación limitada.

Otro de los requisitos es la escala. Por ejemplo, la solución de protección de la navegación tiene que filtrar el tráfico de miles de pequeñas compañías a largo plazo, y eso en un momento en el que la demanda de ancho de banda en Internet está en plena explosión y los caudales de datos se duplican cada año.

En agosto de 2018 se hizo pública la alianza entre Telefónica, McAfee (tradicional proveedor de antivirus) y Allot (una tecnológica israelí) para abordar una iniciativa de solución. Después de un proceso de desarrollo, implantación y test en la red de la operadora, en mayo de 2019 salió al mercado el servicio Conexión Segura Empresas.

El escenario contemplado era captar a unos 15 000 clientes en cuatro años, pero las ventas crecieron tan rápidamente que se alcanzó la cifra en... ¡siete meses! En septiembre de 2020 se anunció que la infraestructura inicial había tenido que duplicarse en capacidad para atender la enorme demanda. En dos años adquirieron la solución unos... ¡cuarenta mil clientes! ¿Cómo se explica eso? Simplemente, porque había un mercado desatendido que, con el curso del tiempo, había ido tomando más y más consciencia en materia de ciberseguridad.

En conclusión, en la actualidad las pymes tienen las mismas necesidades de ciberseguridad y la misma consciencia de riesgo que las grandes empresas; su única limitación es de presupuesto. La responsabilidad de las grandes tecnológicas y empresas de telecomunicaciones es desarrollar unos productos con unas economías de escala que, sin perder la personalización, sean accesibles para las pymes.

Y entonces llegó la pandemia.

Las circunstancias excepcionales que vivimos desde mediados de marzo de 2020 aceleraron la implementación de tecnologías para el teletrabajo, el comercio electrónico, los canales web 2.0 y la logística de última milla. Muchas prácticas de negocio que explotaron por necesidad en ese momento ya no tienen vuelta atrás.

Sin embargo, hubo algo que no cambió: la amenaza de las organizaciones criminales que operan en Internet y que vieron la crisis como una oportunidad, pues enseguida se dieron cuenta de esa mayor dependencia de Internet y evaluaron cuáles eran las tendencias para adaptar sus prácticas delictivas y obtener mayores beneficios.

Un año después del lanzamiento, Telefónica brindaba el servicio de Conexión Segura Empresas a unos 27 000 clientes, una muestra amplísima distribuida entre todos los sectores económicos y todas las regiones del país. Según se publicó en el *newsletter* enviado a todos los clientes durante la pandemia, sobre la muestra de 27 000 sedes de empresa se desprendía que el servicio permitía evitar incidencias informáticas a 8582 pymes (un 30 % del total cubierto) cada mes, lo que indica el grado de exposición del colectivo.

6. Los mitos de seguridad en las pymes

Como hemos visto a lo largo de este capítulo, la seguridad de las pymes es un asunto muy serio, y no solo puede afectar a pequeños empresarios y autónomos, sino también a las grandes empresas, de cuya cadena de valor forman parte, y a la economía en general, sobre todo en España, donde las pymes constituyen un factor primordial de crecimiento económico y creación de empleo.

Sin embargo, hasta hace pocos años se sabía poco del tema. Solo las grandes organizaciones contaban con un grupo reducido de especialistas —que ahora llamaríamos *iniciados*—encargados de gestionar la seguridad de la información de los procesos más críticos. De este campo conocido apenas por unos pocos que, además, actuaban con mucha discreción, brotaron toda clase de leyendas, conocidas en el ámbito de la empresa y amplificadas por los medios de comunicación.

En un artículo publicado en el *website* de la Asociación para el Progreso de la Dirección, haciendo una analogía con la *Odisea* de Homero[6] que expone la idea que los antiguos griegos tenían de los peligros y amenazas que encerraba el mar Mediterráneo, describo los mitos modernos que transmiten nuestras creencias e inquietudes sobre la seguridad en el ciberespacio. Muchos remiten al ámbito de las pymes:

- **«Este es un tema de los bancos y de las grandes corporaciones. ¿Quién va a querer atacar mi empresa?».** El 92 % de los incidentes de ciberseguridad registrados por el INCIBE (más de cien mil casos) afectan a ciudadanos y empresas que no forman parte de sectores críticos o estratégicos. Solo el 1 % afectó a estos sectores.
- **«En la empresa contamos con un antivirus, no necesitamos más».** El antivirus es muy efectivo para proteger de algunas amenazas concretas, pero no son las únicas ni las que más crecen. Según diversos estudios, en 2021 se duplicaron los ataques de *ransomware,* los ataques de *phishing* crecen un 20-30 % al año y los ataques de suplantación de identidad alcanzan un 45 %, frente a un número de amenazas de *malware*/virus que se mantiene estable o incluso decae.

- «**Nos gustaría tener más protección, pero la ciberseguridad tiene un coste muy alto**». Muchos empresarios creen que hace falta invertir mucho dinero en complejas plataformas tecnológicas y en la contratación de especialistas. Sin embargo, para mitigar el riesgo y eliminar la amplísima mayoría de las amenazas más comunes basta con tomar algunas medidas de precaución y contratar soluciones ajustadas al tamaño y a la exposición de la compañía. Las cinco medidas básicas son:
    1. Instalar un *software* antivirus en todos los dispositivos (PC, móvil y *tablets*).
    2. Implantar una solución que filtre el tráfico de Internet, evitando las descargas maliciosas y el acceso a sitios web fraudulentos.
    3. Instalar un *software* de detección de *ransomware*.
    4. Realizar *backups* periódicos (y asegurar que el sistema se pueda restaurar).
    5. Mantener siempre actualizados los sistemas operativos.

    Si, además, formamos al personal en buenas prácticas de ciberseguridad (el INCIBE provee material de formación gratuitamente) y contratamos un seguro que nos cubra de cualquier situación de fuerza mayor, habremos reducido sustancialmente los riesgos en el 99 % de las organizaciones. Aunque, por supuesto, si tenemos canales de comercio electrónico o aplicaciones propias, tendremos que tomar medidas adicionales.

- «**Si un *hacker* quiere penetrar los sistemas, por más dinero que gaste, lo hará igualmente**». La perfección no existe, pero la ciberseguridad consiste en gestionar el riesgo, aplicar medidas preventivas para reducir las amenazas a un nivel gestionable, desarrollar mecanismos para detectar las incidencias minimizando los daños y planificar las posibles contingencias para facilitar la continuidad de la empresa en el peor de los casos.
- «**Estoy tranquilo; de eso se ocupan los informáticos de la compañía**». Se trata de uno de los mitos más extendidos y de los más dañinos. Según un estudio de IBM en 2017, la inmensa mayoría de los incidentes se producen por lo que llaman el *incauto interno (inadvertent insider)*. Algunos ejemplos: dos

tercios de la información personal comprometida públicamente se debieron a fallos humanos, un 20 % del total de incidentes ocurrieron por la misma causa y un tercio del total de amenazas se basó en inducir al usuario al error (un clic en un sitio o una descarga). En pocas palabras: la formación de los usuarios (y de los informáticos) en ciberseguridad es una de las formas más efectivas de reducir los riesgos.

- **«Cuando reciba un ataque informático, ya veré cómo lo arreglo».** Según el estudio citado de Telefónica en España, un tercio de las pymes que han sufrido una incidencia de ciberseguridad tuvieron que hacer frente a gastos imprevistos para solucionar el problema (soporte especializado o compra de *software*). La falta de una planificación previa puede llevar a la imposibilidad de la compañía de continuar operando, lo que genera un lucro cesante, además del daño en reputación.

- **«No tengo que tomar ninguna medida de seguridad, pues no tengo ningún dato de valor».** En la era digital es difícil encontrar una organización que no conserve al menos una clase de activo valioso: datos personales y de empresa (cuentas bancarias, números de tarjeta de crédito, correos electrónicos, etc.). Numerosas organizaciones criminales buscan hacerse con bases de datos (BB. DD.) que contengan esa información para comercializar en el mercado negro. El Reglamento general de protección de datos (RGPD) de la UE establece unas obligaciones en cuanto a la salvaguarda de esos datos que incluyen el reporte de cualquier fuga de información a las autoridades y la notificación a los afectados, bajo el riesgo de recibir fuertes sanciones económicas, que pueden alcanzar el 20 % de la facturación de la empresa.

10
CIBERSEGURIDAD EN LA INDUSTRIA 4.0

1. Los otros sistemas de información

Los sistemas de control y automatización y los sensores remotos son muy antiguos. Datan de los comienzos de la Revolución Industrial en el siglo XVIII. Nos referimos a sistemas que controlan máquinas industriales (molinos, telares y ensamblajes), cintas transportadoras, sistemas de apertura o cierre de compuertas, sensores de temperatura y muchos otros.

Después de la invención del transistor en 1948, las tecnologías electrónicas básicas de ordenadores y sistemas de control convergieron con los sistemas de automatización industrial, pero por factores culturales siempre estuvieron en manos de ingenieros industriales o electrónicos. En general, solo un porcentaje menor de profesionales que venían de las ciencias de la información trabajaba con ellos. Debido a esto, los sistemas de control industrial evolucionaron de forma independiente del progreso de los sistemas informáticos, que empezaron a automatizar otras funciones de la organización.

Últimamente todas las tecnologías pertenecientes a este campo tienden a agruparse bajo el nombre genérico de *tecnologías operativas (Operational Technologies (OT),* incluyendo otras categorías, como control de la línea de producción *(Program Line Control [PLC]),* control de supervisión y adquisición de datos *(Supervisory Control And Data Acquisition [SCADA])* e incluso, más cerca en el tiempo, Internet de las cosas *(Internet of Things [IoT]).* Para este fin se desarrollarán técnicas, lenguajes de programación y métodos muy diferentes de los utilizados en otras áreas de las empresas.

Los datos que se obtenían de los sistemas electrónicos de control y automatización industrial (datos de *stocks,* producción y fallos) se solían ingresar manualmente en los sistemas informáticos de gestión. Había equipos de personas registrando datos que ya se producían en formato electrónico.

Una primera medida de eficiencia consistió en integrar los datos producidos electrónicamente en los sistemas de gestión sin tener que hacer transcripciones. Para ello surgieron los primeros protocolos de transmisión comunes entre los equipos de informática de gestión y de informática industrial. No obstante, esto inicialmente estaba limitado a integraciones locales que se podían producir en un recinto pequeño, como una fábrica o un almacén.

Desde las décadas de 1980 y 1990 la automatización en los procesos de manufactura industrial fue incrementándose paralelamente a la informatización de los procesos administrativos y de soporte. Era la era de los PLC, lenguajes de programación específicamente diseñados para controlar las máquinas o los robots en las líneas de producción y montaje: determinar las tareas, los tiempos de ejecución o las bifurcaciones ante posibles fallos.

Con la expansión de las redes globales en la década de 1990 y el auge de Internet, la convergencia fue en aumento. Comenzó a ser asequible comercialmente disponer de puntos de conexión entre diferentes centros productivos que permitieran a los sistemas industriales enviar y recibir datos de los sistemas de gestión. Además, los protocolos de comunicaciones se orientaron a usar Internet como capa de conexión entre ambos mundos, lo que facilitaba el control remoto de instalaciones situadas a grandes distancias.

Pero la rápida expansión de la Internet móvil, basada en la red de telefonía móvil, fue lo que provocó la convergencia definitiva.

A partir de ese momento, contar con cobertura celular en un punto ya habilitaba la instalación de dispositivos de monitorización y control a un coste muy razonable, lo que facilitó la automatización de procesos logísticos e industriales hasta el momento fuera del alcance de muchas compañías, como la lectura de contadores de servicios públicos.

Llamamos *IoT* a esta última oleada, ya totalmente convergente con las tecnologías de gestión y el empleo de Internet como elemento común. Sin entrar en el impacto de estas tecnologías desde el punto de vista del ciudadano común, cabe destacar que tiene unos efectos muy importantes en la arquitectura informática de cualquier organización.

En primer lugar, aparecen usuarios no humanos de la red que también tienen unas necesidades de servicio, ya que estos dispositivos cumplen una función crítica en los procesos de la empresa. Consideraciones de aprovechamiento de la red, redundancia y monitorización de su funcionamiento y de la seguridad del intercambio de datos son también aplicables a estos nuevos usuarios.

En segundo lugar, estos dispositivos son un campo adicional donde establecer diferencias competitivas. Muchos están basados en sistemas operativos comerciales como Android y permiten el desarrollo, relativamente simple, de aplicaciones innovadoras o dotadas de cierta inteligencia para lograr mayor eficiencia o mejor servicio en estos procesos. El área de IT se convierte así en una aliada clave para los ingenieros industriales en este nuevo frente (p. ej., para extender servicios hasta el hogar de los clientes).

La explosión de datos que pueden proveer estos nuevos dispositivos de campo, sumada a los que se pueden obtener de las aplicaciones móviles y de las redes sociales, permite desarrollar nuevas ideas sobre la explotación de esta información también con fines estratégicos o de diferenciación. La capacidad de correlacionar todos estos datos, hacer predicciones y tomar decisiones en consecuencia antes que los demás adquiere un altísimo valor para las compañías.

En los últimos años la tendencia a la digitalización en los sistemas industriales se ha acentuado. Es lo que llamamos *industria 4.0,* según la terminología acuñada en 2011 en el salón de tecnología industrial de la Feria de Hannover. Esta nueva etapa se caracteriza por la interconexión de máquinas y de sistemas en el propio emplazamiento de producción y por el intercambio de información con el exterior (p. ej., con los proveedores de materias primas o productos intermedios, integrándolos aún más en la cadena de valor). En lo que atañe a la ciberseguridad, esto tiene algunas consecuencias:

- La *softwarización* llega al mundo industrial. Las máquinas industriales tienden a ser más simples y generalistas, mientras que sus tareas se hacen más programables. Así, las tareas de un brazo robótico actualmente pueden programarse utilizando un sistema operativo Android y un lenguaje de programación convencional (desaparece así la particularidad del PLC).
- Estos nuevos componentes de *software* industrial se manejan igual que el resto de los componentes de *software* de IT: se apoyan en sistemas operativos comerciales convergentes (como Android) y requieren una conexión constante con sus desarrolladores para corregir errores y evolucionar continuamente.
- También se aprovechan de las ventajas de la hiperconectividad para intercambiar información con otros componentes de *software*. Por ejemplo, una máquina en una línea de producción puede enviar un mensaje a otra situada en otra planta solicitando un producto intermedio que necesita para su proceso porque se le está acabando.
- La consecuencia de esto es que todos estos nuevos *softwares* ya no pueden funcionar en una red cerrada y autosuficiente. Necesariamente tienen que enlazarse con otros, muchos fuera de la red de la empresa. Y estos nuevos puntos de conexión vuelven a ampliar la superficie de ataque.
- Las amenazas que ya habíamos identificado en el ámbito de la IT convergen con las nuevas amenazas del ámbito del OT, lo que lleva a extender el programa de ciberseguridad al ámbito industrial.

En los últimos años hemos visto muchos ejemplos de cómo estas nuevas amenazas afectan a las organizaciones industriales. Sectores muy diversos se han visto afectados por ataques informáticos que creíamos que estaban reservados a bancos, Gobiernos y empresas de telecomunicaciones en una escalada que se produce cada vez con mayor frecuencia.

El 9 de febrero de 2021 ocurrió lo siguiente en la localidad de Oldsmar, Florida. Veamos lo que relata la *CNN:*

«Un pirata informático obtuvo acceso al sistema de tratamiento de agua de Oldsmar, Florida, el viernes e intentó aumentar los niveles de hidróxido de sodio, comúnmente conocido como *lejía,* en el agua de la ciudad, dijeron las autoridades, poniendo a miles de personas en riesgo de envenenamiento.

El incidente tuvo lugar el viernes cuando un operador notó la intrusión y observó al pirata informático acceder al sistema de forma remota. El *hacker* ajustó el nivel de hidróxido de sodio a más de cien veces sus niveles normales, según el alguacil del condado de Pinellas, Bob Gualtieri. El operador del sistema redujo inmediatamente el nivel [...]».

En mayo de 2021 Colonial Pipeline, la empresa que opera el oleoducto que abastece al 45 % del mercado de combustible de aviación en la costa este de EE. UU., sufrió un incidente con *ransomware* que afectó a sus ordenadores. Previendo que el ataque se había lanzado para obtener credenciales de acceso a los sistemas de control del oleoducto, la empresa decidió cerrar sus operaciones y solo las reanudó completamente una semana después. Al tratarse de una infraestructura crítica, el presidente Joe Biden se vio obligado a aplicar legislación de emergencia y a aumentar las cuotas de transporte por carretera, mientras varias compañías aéreas tuvieron que reprogramar sus vuelos.

Solo un mes después, en junio de 2021, JBS, la mayor productora de carne mundial, cerró temporalmente sus plantas en EE. UU., Canadá y Australia debido a un ataque, y poco después, el 11 de noviembre de 2021, la prensa publicó informaciones de un ataque que obligó a parar la producción en la cervecera Damm[1].

Estos incidentes en instalaciones de empresas industriales, logísticas y *utilities* están incrementándose, pero sobre todo lo está haciendo el impacto que pueden producir en nuestras cadenas de valor, que operan las 24 h con altísimos estándares de eficiencia. Una interrupción en un punto puede traer graves consecuencias a todos los eslabones, y no digamos si se trata de infraestructuras críticas. ¿Por qué ocurre esto?

La digitalización de los sistemas industriales es relativamente reciente. La fábrica solía ser competencia de los ingenieros industriales y electrónicos, de los jefes de producción y de mantenimiento.

El rol de la informática tradicional llegaba —si llegaba— a cuestiones básicas de infraestructura o a los pocos puestos administrativos que había.

El despliegue del *software* industrial y de la infraestructura de comunicaciones que necesita (wifi, Internet y red móvil) solía realizarlo empresas provenientes del mundo industrial, con escasa especialización en ciberseguridad. Además, cada fábrica normalmente usa diferentes tecnologías de distintos fabricantes y no es raro que varios integradores o fabricantes lleven a cabo instalaciones o mantenimientos de forma paralela. Muchas veces el propio responsable desconoce todos los puntos de conexión que existen en una planta o qué usuarios tienen acceso a los sistemas, dado que muchos son agentes externos del integrador o del fabricante. Tampoco el personal de fábrica ha recibido mucha formación o concienciación sobre temas de ciberseguridad.

Sabiendo esto, como indicamos en el ejemplo de la batalla del Atlántico, los delincuentes empiezan a enfocarse hacia el sector industrial, donde encuentran el terreno menos protegido y más fácil de penetrar: resulta más fácil, lleva menos tiempo y el premio puede ser gordo.

Para valorar la amenaza, la primera medida que hay que tomar consiste en escanear todos los dispositivos conectados en una fábrica y todas las radiofrecuencias que están emitiéndose para determinar todos los puntos vulnerables. A lo largo de los años se han ido acumulando capa sobre capa de equipamiento que nadie controla o, mejor dicho, que controlan diferentes personas o empresas contratistas, pero de los que nadie tiene una visión integral.

Hecho este mapa inicial, encontraremos seguramente cosas sorprendentes. Por ejemplo, neveras o equipos de ventilación que se conectan por la red móvil a su central cuyos usuarios de mantenimiento mantienen las contraseñas por defecto instaladas por el fabricante y recibidas por alguien ya en correo electrónico o impresas.

A partir de ahí, veremos que necesariamente hay una convergencia natural con la ciberseguridad en IT. Es imprescindible que el mundo de la fábrica y el mundo de la oficina colaboren. Los profesionales de ciberseguridad tienen que pisar la fábrica y entender sus particularidades, sus procesos continuos y sus paradas de mantenimiento, mientras que los profesionales de ingeniería deben comprender y concienciarse de las amenazas que provienen de la hiperconectividad.

Pero hay una zona fronteriza donde se cruzan naturalmente el mundo industrial y el de la informática: la zona del IoT.

2. Ciberseguridad IoT

Las tecnologías de IoT comprenden las empleadas en dispositivos conectados a Internet pero diseñados para realizar tareas de forma autónoma, ligadas al contexto o al lugar donde están implantados. Pueden ser tareas tan sencillas como capturar la medición de temperatura de un sensor y transmitirla o tan complejas como conducir un coche autónomo.

Estas tecnologías, por su concepción, muchas veces actúan como agentes que se conectan a los sistemas de la organización de igual manera que cualquier otro usuario para enviar o recibir información. Cada una de esas interacciones es un punto que hay que proteger, tanto en el caso de que el dispositivo sea capturado (es decir, cuando un intruso toma su control) como emulado (cuando lo suplanta un dispositivo que simula su comportamiento).

Un estudio de IoT Analytics[2] estimaba que a finales de 2021 había más de 12 300 millones de dispositivos conectados, con gran diversidad de tecnologías y muy dispersos geográficamente, en muchos casos operados de forma remota y expuestos a la manipulación física.

El despliegue de estos equipos en el terreno puede ser muy caro y difícil, lo que lleva a que tengan ciclos de vida de 15-20 años, una pesadilla en una industria que evoluciona muy rápidamente. ¿Cómo proteger esta nueva capa de equipamiento?

Uno de los principales controles es la autenticación de los dispositivos IoT, o sea, asociar a cada equipo una especie de DNI digital, un certificado único que permite garantizar que ese equipo es el que indica ser y no otro.

Si aun así el equipo es *hackeado* y un intruso toma el control, existen técnicas para estudiar los patrones de comportamiento y asegurar que se comporte del modo esperado; en caso contrario, podría alertar sobre posibles incidentes de seguridad, así como sobre malas configuraciones de los dispositivos o usos inadecuados de la tarifa de datos.

Otra forma de verificar que el dispositivo no ha sido *hackeado* consiste en rastrear, a través del registro de las sesiones abiertas en Internet, que los dispositivos no acceden a servidores no autorizados, es decir, que solo se comunican con los servidores con los que están autorizados a comunicarse (afortunadamente todos los dispositivos almacenan este registro de acceso a los sistemas *[log]* de transacciones).

De cualquier manera, este es un campo de desarrollo incipiente. Los diferentes sectores industriales todavía están trabajando en estándares de interoperabilidad y de ciberseguridad para garantizar un nivel equivalente en toda la cadena de valor. En este sentido, es importante mantenerse actualizado sobre los distintos avances y participar en los foros donde se está definiendo el futuro de esta práctica.

3. Ciberseguridad en los robots industriales

Otra línea de trabajo en pleno desarrollo es la ciberseguridad de los robots industriales. Como es obvio, perder el control de uno de estos equipos, sea por error o intencionalmente, puede tener graves consecuencias en una empresa de manufactura.

El 25 de enero de 1979 Robert Williams, un trabajador de 25 años de la fábrica de Ford en Flat Rock, se dedicaba a supervisar un robot industrial de cinco pisos de altura y una tonelada de peso que transfería piezas de automóviles desde los estantes hasta el nivel del suelo. Esa noche, el robot dio una lectura de inventario errónea y Williams se vio obligado a ascender a un estante por su cuenta. A mitad de camino, el robot lo golpeó por la espalda, con lo que le provocó heridas que le causaron la muerte.

Y desgraciadamente este no es un caso aislado: entre 1993 y 2018, según reseña el National Institute for Occupational Safety and Health (NIOSH) en EE. UU., se han producido 61 incidentes con robots en los que han resultado heridos seres humanos, con al menos otra víctima mortal.

En la medida en la que los robots industriales convergen también hacia el uso de tecnologías que requieren gran interconexión y componentes de *software* más o menos estándar, los riesgos también tienden a ser más altos. Y en aplicaciones fuera del ámbito industrial lo son todavía más.

En un documento de 2021, el investigador español Víctor Mayoral Vilches resume la situación[3]:

«Con frecuencia, los robots se entregan de forma insegura y, en algunos casos, totalmente desprotegidos. La lógica detrás es triple: primero, los mecanismos de seguridad defensivos para robots todavía están en sus primeras etapas y no cubren la amenaza completa. En segundo lugar, la complejidad inherente de los sistemas robóticos hace que su protección sea costosa, tanto técnica como económicamente. En tercer lugar, los proveedores generalmente no asumen la responsabilidad de manera oportuna, extendiendo las ventanas de exposición (el tiempo hasta la mitigación de un *zero day*), en promedio, varios años».

Como indica Mayoral Vilches, este es un sector en plena explosión y por tanto todavía inmaduro. Sin ir más lejos, Alias Robotics, empresa cofundada por el investigador español, es una de las pioneras en ciberseguridad en el ámbito de los sistemas operativos robóticos.

4. Seguridad en el borde de la red: la cuestión moral

Como hemos visto, este proceso de digitalización de la industria llega a equipos muy complejos: drones, vehículos autónomos, robots quirúrgicos y otros. La gran capacidad de procesamiento actual permite que una variedad de aplicaciones se ejecute en el «borde» de la red utilizando técnicas de IA sin necesidad de control o monitorización desde el punto central. Esto hace que el diseño de aplicaciones se modifique y que muchas veces el *software* se vea obligado a tomar decisiones en tiempo real en función del contexto o de las interacciones con él. Es lo que pasa con los vehículos autónomos que tienen que tomar decisiones sobre la elusión de obstáculos, acelerar o frenar y otras decisiones clave. Esto tiene algunas consecuencias desde el punto de vista de la seguridad.

Además de los controles habituales respecto a la toma de control del dispositivo o a la intangibilidad del código, empiezan a aparecer cuestiones éticas. Hay quien cree que ya ha llegado el momento de regular esta cuestión, ya que estamos más cerca que nunca de disponer de vehículos autónomos, robots de propósito general o asistentes virtuales.

El problema fundamental es cómo garantizar que estos equipos autónomos tomen decisiones éticas desde el punto de vista de la seguridad de las personas. Por ejemplo, si un coche autónomo se encuentra ante el dilema de atropellar a una persona o girar violentamente y estrellarse contra otro coche o contra un muro garantizando su destrucción y poniendo en peligro la vida de sus ocupantes.

El tema ha cobrado tal relevancia que ha obligado a empresas y a Gobiernos a posicionarse al respecto. El propio Parlamento Europeo ha dictado una resolución en la que formula recomendaciones, incluyendo la concesión de un nuevo tipo de personalidad jurídica a los robots autónomos más complejos. La Comisión Europea ha designado un comité para analizar el tema.

Algunas compañías y grupos de investigación han comenzado a desarrollar técnicas para «sistematizar» estas decisiones morales mediante el análisis del comportamiento medio de los conductores o a través de encuestas masivas. El objetivo es encontrar una especie de «moral media».

Desde el punto de vista del fabricante de estos dispositivos en realidad supone una forma sutil de liberarse de responsabilidades, pues transmite la decisión moral a otros. Lo mismo ocurre con el *lobby* a favor de una regulación oficial que dé cobertura a las posibles demandas legales. Hay cierto vértigo o temor en algunos sectores tecnológicos a las consecuencias imprevisibles de estos adelantos.

La mayor parte del público (y muchos directivos de empresa) basa su visión de las máquinas inteligentes en autores como Isaac Asimov, Philip K. Dick o Arthur C. Clarke, quienes escribieron extensamente sobre los dilemas morales de las máquinas, y sobre todo en las películas que se basaron en sus novelas y en los cientos de autores de libros, cine y televisión posteriores en los que influyeron. Estos crearon un canon, generalmente aceptado, en torno a las máquinas autónomas.

Según Asimov: «[...] robots que destruyen a su creador. El conocimiento tiene sus peligros, sí, pero ¿abandonar el conocimiento es la respuesta? ¿O el conocimiento debe usarse en sí mismo como una barrera para los peligros que conlleva?». Por eso, en sus historias los robots «no se volverían estúpidos contra su creador sin ningún propósito, sino para demostrar, durante un tiempo más agotador, el crimen y el castigo de Fausto».

Esta visión negativa de los robots (o creaciones similares) es incluso anterior a Asimov, como el mito del Golem (que seguramente conoció a través de sus padres, judíos rusos emigrados a Nueva York) y una novela inspirada en él: *Frankenstein,* de Mary Shelley, que representa el miedo del creador a perder el control sobre su invención. En términos actuales, el temor a que los robots lleguen a ser más listos que nosotros se ha descrito como su singularidad.

Asimov veía tan peligrosa esta tecnología que hasta propuso un mecanismo de seguridad para reducir su riesgo, sus tres famosas reglas de la robótica, que aparecen en *Círculo vicioso,* de 1942:

1. Un robot no hará daño a un ser humano ni, por inacción, permitirá que un ser humano sufra daño.
2. Un robot debe cumplir las órdenes dadas por los seres humanos, a excepción de aquellas que entren en conflicto con la primera ley.
3. Un robot debe proteger su propia existencia en la medida en la que esta protección no entre en conflicto con las leyes anteriores.

Hasta 1957, en la primera etapa de su carrera, y con la intención de entretener, el escritor se dedicó a asustarnos sobre los peligros de la IA desbocada. Pero durante los siguientes 25 años escribió muchos libros y artículos de divulgación científica, lo que dio un matiz de mayor seriedad a su obra anterior.

Es más, ya con esa imagen de científico serio, desde 1982 hasta su muerte, diez años después, retomó su carrera en la cienciaficción, llenando huecos con secuelas y creando un complejo universo literario completamente ficticio pero creíble.

No hay que menospreciar su influencia y la de los otros en la comunidad científica. Los jóvenes lectores de Asimov fueron y son ahora investigadores. El propio Asimov popularizó los términos *robot, robótica* y *positronics* (una tecnología ficticia). Escritos con un gran trabajo de investigación detrás, similar al de Julio Verne en su momento, divulgaron estas incipientes tecnologías y sus dilemas morales, reales o imaginarios. En la actualidad es difícil encontrar un texto de divulgación sobre IA que no haga referencia a las reglas de la robótica, a «HAL 9000», de Clarke, o a los «replicantes» de Dick.

Y aquí es muy difícil llegar a un consenso, pues desde siempre, al construir modelos informáticos, siempre existe un sesgo moral. Cuando diseñamos un sistema de valoración de siniestros *(credit scoring)*, estamos tomando decisiones que afectan a las personas. Es difícil que ahora alguien vaya a venir en nuestra ayuda.

Pero ¿cómo se resuelve el gran dilema moral de la IA? De la misma forma que con los demás sistemas no inteligentes: con transparencia, principios públicos, procesos internos que aseguren su implantación en los sistemas y auditoría. La moral de los sistemas es la nuestra.

TERCERA PARTE
EFICIENCIA

«La eficiencia es hacer las cosas bien;
la efectividad es hacer las cosas correctas».

Peter Drucker (1909-2005), escritor,
profesor y gurú del *management*
austríaco-estadounidense

11
LAS FUNCIONES DE CIBERSEGURIDAD

1. Las operaciones básicas de ciberseguridad: el centro de operaciones de seguridad (SOC)

Como hemos visto anteriormente, en las primeras empresas informatizadas la responsabilidad de ciberseguridad recaía en un oficial de seguridad. Si no había espacio para ello, dicha función la asumían los propios responsables de sistemas (el CIO/CTO). Además, se contaba con los auditores externos de sistemas para ejercer una función de control.

Pero con el auge de Internet y de los microordenadores, esta estructura mínima empezó a ser insuficiente. El número de amenazas y la superficie de ataque se fueron extendiendo rápidamente. Una persona no tenía tiempo suficiente para atender la demanda de los requisitos de acceso, el análisis de las políticas de bloqueo, estudiar las posibles incidencias, controlar el código, recuperar los equipos afectados y otras tareas similares.

Además, había que empezar a administrar muchas herramientas específicas que permitían mitigar las amenazas en los vectores de ataque más comunes: cortafuegos, antivirus, *antispam,* anti-DDoS y todos los *anti* que hemos mencionado. Asimismo había que analizar todos los datos que estos *softwares* proporcionaban y tomar decisiones en tiempo real y correlacionar datos de diferentes fuentes, analizar los *logs* e identificar posibles amenazas o recursos comprometidos.

Debido a esto el número de personas con responsabilidades en ciberseguridad también empezó a crecer, lo que llevó a aumentar los presupuestos de sistemas. Naturalmente, empezó a surgir un área de operaciones de IT especializada en la seguridad de la información, llamada actualmente *centro de operaciones de seguridad (Security Operations Center [SOC]),* compuesta por un grupo de analistas de seguridad que opera coordinadamente para mantener a la organización a salvo de las amenazas. Se trata de los centinelas que custodian las murallas del perímetro.

El corazón de la gestión del SOC es la correlación, un proceso de información de seguridad y gestión de eventos *(Security Information and Event Management [SIEM])* que centraliza el almacenamiento y la interpretación de los datos relevantes de ciberseguridad. De esta forma, se realiza un análisis de la situación en múltiples ubicaciones desde un punto de vista unificado que facilita la detección de tendencias y patrones no habituales (p. ej., intentos de acceso repetidos a un servidor).

En la medida en la que el número de amenazas y la superficie de ataque siguieron creciendo, la capacidad de los analistas se vio desbordada. Afortunadamente, la mayor parte de estas tareas son repetitivas, ya que los patrones de ataque se repiten y, por ende, las funciones de análisis son programables. Pronto surgieron *softwares* para automatizar procesos de SIEM que funcionan desplegando múltiples agentes de recopilación de eventos relacionados con la ciberseguridad.

El concepto de *SOC* empezó a difundirse en las empresas, pero a un coste muy alto en términos de RR. HH., s*oftwares* especializados, *hardware* y elementos de red y comunicaciones. No todas las compañías pueden mantener estas estructuras. Además, cada vez es más difícil conseguir personal especializado. Esto abrió un nicho de mercado: la externalización.

Al igual que la externalización de la IT, la del SOC se basa en el principio de las economías de escala. Contar con proveedores que brindan servicio a muchas organizaciones permite optimizar mejor el uso de los recursos tanto humanos como físicos sin degradar la calidad. Más aún, en este proceso de externalización se supone que el proveedor tiene mayor especialización en el área y aplica mejores prácticas, lo que le permite ofrecer más calidad.

En el caso de la ciberseguridad se agrega un elemento adicional. La mayoría de las amenazas no están diseñadas *ad hoc* para atacar a una empresa en particular, sino que son intentos de intrusión o fraude masivos (p. ej., explotando el fallo de algún *software*) que juegan con la probabilidad de encontrar un número de compañías vulnerables. En un SOC que da servicio a muchas organizaciones se produce una transmisión de conocimiento que favorece a todos los usuarios del mismo servicio.

Todas estas ventajas han llevado a que el negocio de la externalización de los SOC haya crecido rápidamente en los últimos años, con lo que se han incorporado miles de personas a la práctica de la ciberseguridad y se han reducido sustancialmente los costes para las empresas, que ahora tienen a su alcance servicios de mejor calidad y más asequibles, evaluables por medio de indicadores de eficacia y eficiencia.

El grado de externalización es ahora mucho más fácil de gestionar como cualquier otro proceso empresarial para los administradores, a quienes se les ofrecen distintas variantes, que van desde la externalización completa hasta una parcial en la que las funciones de ciberseguridad menos rutinarias y más ligadas al negocio, como el análisis de riesgos, se mantienen dentro de la organización.

2. Las operaciones avanzadas: el SOC ampliado

Tradicionalmente, el modelo de procesos del SOC se basa en tres acciones: prevención, detección y respuesta. Es decir: prevenir los incidentes bloqueando las posibles acciones hostiles, detectar los intentos de intrusión y responder a ellos, corrigiendo cualquier posible vulnerabilidad en los sistemas.

Durante mucho tiempo este esquema funcionó, pero a la vez las mafias del cibercrimen se fueron haciendo más y más sofisticadas. Organizaciones criminales invertían millones en desarrollar mejores herramientas de intrusión e incrementar su capacidad de cómputo para saturar las defensas de las empresas con mayor volumen de amenazas. Incluso con la asistencia de procesos de SIEM automatizados se corría el riesgo de que los analistas del SOC quedaran sobrepasados.

Hace poco menos de diez años los SOC empezaron a desarrollar funciones más especializadas que van más allá de la prevención, como la de inteligencia de amenazas cibernéticas *(Cyber Threat Intelligence [CTI]),* por medio de la cual se pretende que analistas más especializados, con unas herramientas más sofisticadas y unas fuentes de datos muy precisas, puedan anticipar los ataques dirigidos a la organización.

La función de la CTI es identificar pistas sobre posibles ataques que se están preparando, como ataques de tanteo realizados con técnicas y desde sitios más o menos similares o alertas sobre las actividades de diversos grupos criminales que aparecen en foros más o menos discretos o sitios web más o menos clandestinos. Otro método consiste en la deducción de patrones de ataque advertidos a través de vulnerabilidades detectadas en distintas compañías y de información al respecto compartida por los responsables de ciberseguridad.

Todas estas informaciones se recopilan y se ponen a disposición de los analistas mediante diferentes proveedores de servicios, a los que se conoce como *fuentes* o *feeds.* Pero nuevamente aquí intervienen los límites de la capacidad humana para relacionar e identificar patrones en un contexto muy complejo. Para complementar la inteligencia humana viene en nuestro auxilio la IA.

Antes que nada, hay que aclarar que la IA no tiene por qué parecerse en nada al modo de razonar de los humanos. La forma en la que pensamos, abstraemos la información y tomamos decisiones es extremadamente compleja y la ciencia todavía no ha podido todavía construir un modelo completo del cerebro humano. Cuando hablamos de *IA* solo hacemos referencia a unos métodos de programación informática que son diferentes a la programación estructurada, donde todas las decisiones posibles están previstas de antemano por el programador. La IA, sin embargo, intenta construir modelos de decisión basados en reglas y modos de representación del conocimiento que intentan emular el razonamiento humano hasta donde la filosofía y otras disciplinas han conseguido abstraerlo.

Así, hay modelos de IA basados en reglas como los árboles de decisión, las regresiones estadísticas, las redes neuronales, el razonamiento por analogías y otros que, sin acercarse a la profundidad del intelecto humano —que todavía no podemos explicar del todo—, son muy buenos para detectar patrones extremadamente rápido, muchas veces utilizando la «fuerza bruta» de un microprocesador muy veloz.

Revisar por medio de seres humanos millones de eventos de ciberseguridad que pueden ocurrir cada día en una gran organización es una tarea imposible, pero para un *software* basado en una técnica de IA con un gran poder de procesamiento detrás resulta una tarea asequible que, incluso aunque no esté exenta de errores o de indecisiones, reduce drásticamente el número de horas que una persona tiene que dedicar a revisar los resultados.

Actualmente sin estas herramientas para abordar las tareas más simples de prevención los SOC estarían desbordados. Gracias a estos nuevos métodos basados en la inferencia y las estadísticas el balance de trabajo puede mantenerse equilibrado. A medida que estas herramientas vayan evolucionando, seguirán la tendencia a identificar y a tratar las incidencias más comunes, dejando para los humanos los patrones novedosos o complejos. Para el administrador este debería ser un criterio importante a la hora de medir la eficiencia de los SOC externalizados.

La segunda nueva función que cumple la IA, el equipo de respuesta a incidentes de seguridad informática *(Computer Security Incident Response Team [CSIRT])* o análisis forense digital y respuesta ante incidentes *(Digital Forensic and Incident Response [DFIR])*, consiste en determinar si la organización está siendo sometida o ha sido comprometida por una amenaza informática y, de ser así, ejecutar los procedimientos de respuesta ante ese incidente de seguridad.

La mayor frecuencia con la que esto ocurre hace que una serie de recursos se retiren de la línea de batalla del análisis y se especialicen en identificar los rasgos, clasificar los incidentes y responder a ellos *a posteriori*.

Por ejemplo, supongamos que hemos sufrido una extorsión utilizando un *ransomware*. Si determinados equipos han sido comprometidos y no podemos recuperar los datos, el DFIR se ocupará de identificar el *software* atacante y de aplicar las medidas correctivas necesarias, aislar los equipos o el segmento de red infectado y, eventualmente, borrar los discos duros y restaurar las copias de seguridad. Mientras esto ocurre, si el ataque ha afectado a servicios esenciales de la organización, el DFIR se encargará de preparar la información que hay que comunicar a empleados, clientes, proveedores y autoridades y también de recopilar evidencias sobre las posibles autorías y las vulnerabilidades del sistema de seguridad que llevaron al éxito del ataque.

No muchas organizaciones son capaces de mantener un DFIR propio, pero muchos proveedores de servicios de ciberseguridad ya lo ofrecen en sus portafolios. Incluso los Gobiernos tienden a disponer de esta reserva estratégica para atender incidentes graves que afecten a las instituciones del Estado, las infraestructuras críticas o los servicios esenciales. Un ejemplo es lo ocurrido en el distrito de Anhalt-Bitterfeld, en Alemania.

El 6 de julio de 2021 un ataque de *ransomware* paralizó todas las actividades administrativas del distrito, en el que viven 160 000 personas y trabajan 900 empleados públicos. Hasta después de casi dos semanas no se pudieron reanudar parcialmente los servicios, lo que afectó a temas tan críticos como el pago de beneficios sociales o las matriculaciones de vehículos. Además, parte de la información robada, que incluía datos personales y bancarios de unos cien miembros de la Administración, se publicó clandestinamente en Internet.

Durante los primeros momentos del ataque los ordenadores y servidores se apagaron, se canceló completamente la atención al público y se suspendió el servicio de correo electrónico. Solo funcionaba la red telefónica. Aunque no fue el primer ataque informático sufrido por una Administración local en Europa, sí fue la primera vez que por ese motivo se declaraba el área *zona catastrófica*.

Según publicaron los medios alemanes[1], las autoridades del distrito de Anhalt-Bitterfeld tuvieron que recibir el apoyo del Ejército Federal para reconstruir la IT. El Centro de Comando de Información y Cibernética envió a varios grupos de expertos en lo que fue el primer caso de asistencia administrativa por parte de las tropas a una autoridad civil en Alemania. La participación de los militares se extendió unas siete semanas, hasta que se contrató a una empresa privada para finalizarlos.

En general, las Administraciones centrales y regionales europeas, así como las infraestructuras críticas, disponen de recursos y presupuestos elevados para obtener unos niveles de ciberseguridad muy altos. En cambio, los ayuntamientos y otras pequeñas unidades locales suelen tener pequeños departamentos de IT, escasas partidas económicas y aplicaciones generalmente obsoletas con brechas de seguridad. Al igual que las pymes, dependen de la externalización o de la asistencia de otros organismos del Estado.

Si optamos por la externalización de la ciberseguridad, aunque sea solo en una parte de los procesos estratégicos, cabe preguntarnos cómo seleccionar al socio adecuado para hacerlo. Por supuesto, la opinión de los expertos es importante, pero lo es más la del gerente acostumbrado a tratar con procesos de externalización porque esta búsqueda no es ni más ni menos complicada que otras.

Como en el comienzo explosivo de todo nuevo negocio de servicios informáticos, los competidores ensayan diferentes enfoques en busca del que permita obtener mejores resultados. Con el tiempo estas prácticas se van difundiendo y generalizando en el mercado, transformándose en lo que llamamos *mejores prácticas*. Como sabemos, cuando estas son adoptadas de manera general y los precios tienden a descender, se dice que el mercado se está *comoditizando*.

Elegir por puro precio es una opción, pero el mercado de externalización de seguridad resulta todavía bastante joven y ofrece elementos suficientes para diferenciar entre proveedores. Por supuesto, está el tema de las certificaciones de calidad, pues no todos los proveedores cumplen al mismo nivel con los estándares del Esquema Nacional de Seguridad en España, que establece una escala de tres niveles. Además, hay muchos tipos de certificaciones adicionales, basadas en normas ISO y otras, comparables entre sí.

El tamaño y la capilaridad del SOC también son importantes: cuánto más grandes y diversos son los clientes, mejor acceso tendrá el SOC a experiencias en diferentes tipos de amenazas y en conceptos sectoriales, por lo que en caso de una crisis será mayor la capacidad de reacción si el SOC ofrece servicios de DFIR. Si opera internacionalmente o tiene acceso a fuentes externas de operadores de comunicaciones o grandes infraestructuras en la nube, el SOC también puede mejorar su oferta de «inteligencia».

Pero la importancia de estos factores debe ajustarse a la expectativa de la organización cliente. No es lo mismo ser una multinacional privada que una Administración local ni un banco que una compañía de manufactura o una infraestructura crítica. Es necesario estudiar previamente los estándares y regulaciones que pueden suponer un requisito o un diferencial para la empresa en su sector y luego buscar en el mercado a quien tenga los antecedentes para cumplirlos.

3. La cuestión del código

Aunque tengamos un SOC moderno propio o externalizado para proteger nuestros sistemas y redes, hay otra vía por la que es posible comprometer a la organización: la alteración del código fuente de los *softwares* aplicativos, como vimos en el ejemplo del banco de Minneapolis.

En el pasado el desarrollo del *software* corporativo era un proceso muy controlado. Existían normas de auditoría y control muy claras para reducir al mínimo la posibilidad de fraude por parte de los programadores:

- Entornos de desarrollo (para programadores), prueba (para usuarios clave) y producción (para usuarios en general) totalmente segregados.
- Lotes de prueba obligatorios realizados por un usuario clave (con alto nivel de autorización).
- Segregación total de funciones entre desarrollo y operaciones. El encargado de transferir los programas de desarrollo a prueba y de prueba a producción debía ser una persona del área de operaciones, ajena al área de desarrollo.
- Control estricto de las versiones.
- Registro de incidencias de *software* y su resolución.
- Restricciones de acceso a los datos en producción por parte de los desarrolladores.

Estas prácticas, introducidas en todas las guías de auditoría de sistemas, garantizaban un adecuado nivel de control que reducía sustancialmente la probabilidad de fraude e incluso de errores o incidencias desapercibidas en el *software*. Incluso los paquetes de *software* comerciales, como ERP o la gestión de la relación con el cliente *(Customer Relationship Management [CRM])*, incluyen funciones de administración que facilitan el establecimiento de controles similares. Solo tienen un inconveniente: requieren mucho tiempo y esfuerzo; hay que disponer de tiempos largos de test, *slots* o ventanas programadas para pasajes a producción, procesos de autorizaciones formales o recursos duplicados en desarrollo y producción.

Desde hace algunos años, sobre todo a partir de la explosión de los desarrollos de aplicaciones multicanal, como web, móvil o las basadas en la nube *(cloud-based)*, algo empezó a cambiar. Desde que el *software* comenzó a verse como un factor clave para el lanzamiento de nuevos servicios y productos digitales, las empresas compiten por ser las primeras y así ganar posicionamiento en el mercado, captar a clientes o derivar a clientes de sus canales más tradicionales hacia los nuevos.

En 2015 asistí a una presentación de HP en Madrid donde se presentó esta tendencia con el nombre de *Fluid IT,* en contraposición a la antigua *Core IT.* Es decir, una IT líquida que en consecuencia fluía más rápidamente, saltando etapas y puntos de control con el objetivo de desarrollar a gran velocidad (lo que afectaba a los sistemas de la periferia, accesibles a usuarios externos, como potenciales clientes y consumidores), mientras en los sistemas centrales se seguían manteniendo los controles tradicionales.

En los últimos años se han extendido mucho tanto la filosofía DevOps (acrónimo de *development* [desarrollo] y *operations* [operaciones]) como la metodología *agile.* Ambas tienden a acelerar el ciclo de desarrollo de *software* para que los nuevos servicios digitales de las compañías salgan al mercado lo antes posible: hay que llegar primero con las aplicaciones innovadoras, incluso aunque no sean todo lo completas y buenas que deberían.

La filosofía DevOps parte de la idea de romper los «silos funcionales» entre los desarrolladores de *software* y las operaciones de sistemas alterando el principio de la oposición de intereses entre ambos departamentos. Un típico equipo basado en DevOps integra a desarrolladores y a personal de operaciones bajo el mismo jefe de proyecto, lo que en teoría facilita la coordinación y acelera los tiempos de desarrollo.

En un proyecto tradicional los desarrollos son muy estables. Salvo la subsanación inmediata de errores críticos, los cambios o correcciones al *software* se tienden a agrupar en «ventanas de cambio» que tienen una periodicidad de días o semanas, y solo después de intensas pruebas se ponen en explotación. En esa línea, las nuevas versiones con alteraciones relevantes se planifican al trimestre o al semestre. En cambio, en un proyecto con filosofía DevOps las aplicaciones se construyen de forma incremental, con versiones que van creciendo casi diariamente desarrollando nuevas funcionalidades a medida que se desarrollan. Es como transformar una fábrica que trabajaba creando máquinas a pedido en un modelo de manufactura continua en el que la línea de producción funciona las 24 h, generando así nuevas líneas de código que se van probando y poniendo en explotación apenas están listas.

Este modelo es más fácil de aplicar que en el pasado porque, como comentamos al hablar del perímetro, las empresas están delegando aceleradamente su gestión de infraestructura de IT en grandes empresas de externalización global, los hiperescalares. Las ventajas clave que ofrecen son que la puesta en producción y la gestión de las configuraciones de sistemas están muy automatizadas y los recursos de procesamiento y almacenamiento no requieren demasiada planificación, pues se asignan y se ajustan casi en tiempo real.

En el pasado, antes de poner una aplicación en funcionamiento, para garantizar su adecuado rendimiento se necesitaba un detallado «test de estrés», es decir, había que someterla a las peores situaciones de demanda y ver si respondía correctamente y, si fallaba, había que invertir en la compra de procesadores, disco, ancho de banda, etc. Ahora los hiperescalares manejan cientos de miles de servidores desperdigados por todo el mundo con unas redes de banda anchísima y recursos casi ilimitados de almacenamiento. Por tanto, pueden ajustar la demanda de recursos a pedido mediante unas pocas entradas en un configurador.

Pese a todas sus ventajas, la filosofía DevOps plantea algunos desafíos desde el punto de vista de la auditoría de sistemas y de ciberseguridad, ya que la falta de oposición de intereses obliga a un enfoque diferente en cuanto a los controles que se deben aplicar para garantizar el desarrollo ético y la intangibilidad del código. Sabiendo esto, la ISACA ha publicado unas recomendaciones, algunas de puro sentido común. Destacamos a continuación algunas:

- **Escaneo automatizado de *software*.** Una herramienta clave es la de los *softwares* que permiten un análisis (escaneo) automatizado del código fuente de aplicaciones que, basado en patrones de errores comunes, permite encontrar problemas de configuración de seguridad. La ISACA recomienda a los auditores de sistemas que revisen que la empresa ha implementado una herramienta de escaneo de código de aplicación y que examine los *logs* u otra evidencia para comprobar que se están realizando escaneos.
- **Escaneo automatizado de vulnerabilidades.** Dado que los proveedores de computación en la nube ofrecen *software* de configuración basado en la filosofía DevOps, que automatiza la gestión de la configuración, este puede introducir cambios y vulnerabilidades de forma dinámica en el entorno de procesamiento. Por suerte también existen *softwares* que escanean el entorno operativo de los sistemas y permiten detectar vulnerabilidades. La ISACA recomienda utilizar sistemáticamente una de estas herramientas como parte del proceso de puesta en explotación.
- **Capacitación en seguridad de aplicaciones para desarrolladores.** Un tema clave es formar a los desarrolladores en técnicas de codificación segura y en cómo evitar vulnerabilidades comunes y problemas de configuración de seguridad. Aunque esto no resulta exclusivo de DevOps, esta filosofía es especialmente sensible al tema, de la misma forma que insiste en reafirmar los principios éticos. Para el administrador es importante que se programe rigurosamente esta formación y exista evidencia de su concreción.
- **Registro de accesos y actividades.** Si bien, como hemos dicho, la oposición de intereses desaparece, la administración de identidades y accesos y la separación de funciones aún se pueden utilizar como herramienta de control. Es fundamental que haya algún registro de actividad del desarrollador, por lo que debe haber un registro en papel de los cambios que se realizaron, con fecha y hora, y de los desarrolladores responsables.
- **Auditoría y/o seguimiento continuo.** Hay que adaptar la función de auditoría de sistemas a la filosofía DevOps. Si el desarrollo, las pruebas, la implementación y otros aspectos del ciclo de vida del *software* son automáticos y continuos, la auditoría y el control del entorno también han de serlo. No tiene sentido realizar una auditoría exhaustiva cada año cuando se están

desarrollando nuevas versiones de *software* a diario. Para esto las organizaciones deben establecer un proceso y herramientas de apoyo que validen continuamente el correcto funcionamiento de los controles requeridos. Muchos procesos cortos de auditoría cada poco tiempo son mucho más efectivos y refuerzan la sensación de control.

4. Construyendo una cultura de ciberseguridad

Pero quizás la función más importante en la empresa, incluso más que tener controlados los procesos de negocio y el código de las aplicaciones, es construir dentro de la organización una cultura de ciberseguridad. De nada sirve tener los mejores programas e infraestructuras si los empleados son propensos a caer en el «fraude del CEO» u otros similares.

Cualquier administrador entiende la importancia de transmitir unos principios de actuación a todos los empleados y colaboradores de la compañía. Sobre esa base es importante ir desarrollando actitudes reflejas cuando nos enfrentamos a intentos de fraude, acceso no autorizado o posibles ataques informáticos a la empresa.

El primer elemento pasa, como sabemos, por la concienciación. Pero hay un primer obstáculo: el público en general no tiene la misma percepción de riesgo cuando interactúa con un ordenador que cuando, por ejemplo, manipula un líquido inflamable o tóxico. Solo quienes han sufrido en sus carnes un incidente grave que les afectara directamente podrían sentir algo similar.

Los que hemos visitado alguna vez una refinería de petróleo o una plataforma petrolera sabemos qué es la conciencia de seguridad: todo está bien señalizado, los procedimientos se respetan a rajatabla, se dedican horas a dar charlas sobre temas de seguridad y los propios empleados corrigen a quienes realizan prácticas inseguras; desde el responsable principal hasta el último escalón en el organigrama, todos están plenamente comprometidos con la seguridad.

Por supuesto, se realizan simulacros con frecuencia para mantener un alto nivel de entrenamiento y se analizan los resultados en equipo para buscar mejoras. Cada incidencia real es analizada en detalle, buscando cada resquicio para reducir los riesgos. Y hay que personalizar: la formación y la concienciación no es igual para todos los puestos de la organización. Algunos riesgos o amenazas son más comunes en unos puestos que en otros.

Aunque resulta difícil alcanzar ese grado de conciencia, tenemos que ir por ese camino. Dar cursos *online* o enviar correos informativos está muy bien, pero en muchos casos no resulta suficiente, especialmente si tenemos que gestionar infraestructuras críticas o servicios públicos cuya interrupción puede traer graves consecuencias para la sociedad, incluso fatales.

Puede que esto parezca costoso para una empresa promedio, pero lo es mucho más recuperarse de un incidente que podría haberse evitarse por un error o una falta de entrenamiento de un empleado o de un grupo de ellos. Las amenazas más comunes o probables deberían entrenarse obligatoriamente como se entrena para una evacuación en caso de incendio.

¿Cuál es la mejor manera de formar a la plantilla para establecer esta conciencia colectiva? En esto cada compañía tiene que buscar su camino. La cultura organizacional, las tecnologías utilizadas, el modo de llegar a la gente, es diferente en cada caso, pero podemos dar ciertas herramientas. Algunos organismos y empresas desarrollan sus propios *ciberejercicios* simulando posibles situaciones de crisis.

También se realizan campañas creando incidentes falsos. Por ejemplo, correos electrónicos masivos que simulan ser campañas de *phishing* para medir qué usuarios caen en la trampa y luego informarles de por qué deberían haber reconocido el intento como una amenaza. Asimismo se usan las campañas con vídeos o imágenes que alertan sobre situaciones peligrosas, aunque en general en España todavía no se otorga gran prioridad a esta cuestión, salvo en sectores muy específicos. Muchas veces se entiende que este conocimiento debe venir de la escuela (numerosas instituciones empiezan a dar charlas a sus alumnos) o del propio sentido común.

El tema en general no está bien resuelto y empieza a aparecer un pequeño sector que ayuda a las empresas a diseñar este tipo de programas. En España ya se ofrecen algunos servicios de creación de contenido específico para concienciar, y fuera de España muchas combinan diferentes metodologías para mantener un nivel de entrenamiento y respuesta homogéneo dentro de una organización. Quizás uno de los mejores ejemplos es Cyberoff, en el Reino Unido.

Conocí a Ian Murphy en una conferencia de *startups* en Mallorca en 2019. En ese momento Ian trabajaba para una compañía dedicada a la inteligencia en ciberseguridad. Nos tocó compartir panel y mostramos una visión de los riesgos, amenazas y controles necesarios en la economía digital. A finales de 2020 Ian se transformó en el artífice de Cyberoff, una empresa cuya principal misión es «crear contenido inolvidable que mejore su conocimiento». Lo que sigue es cómo describe ese «contenido inolvidable» en su página web:

«El contenido atractivo es una herramienta crucial para mantenerse seguro *online*. Ayuda porque recuerda a los demás las malas prácticas que deben evitar, desde usar contraseñas descuidadas o dar demasiada información hasta no detectar cuándo un correo electrónico esconde una estafa. Estas pequeñas mejoras en su comportamiento, acompañadas por el uso del humor para ayudar a su "ninja de seguridad interna", también pueden ayudar a su negocio. La pérdida de datos, el robo de datos de clientes, la reputación comercial por los suelos, son todos prevenibles y son síntomas de no tener una fuerza laboral bien formada. Todo comienza con tratar a su gente como a personas, y esto significa ponerlas en primer lugar. Cuando se les brinda contenido entretenido que pueden compartir con sus familiares y amigos, se obtiene una fuerza de trabajo cibernéticamente más inteligente sin siquiera tener que pedirlo».

Como indica el texto, la principal herramienta de concienciación de Cyberoff es el humor. En poco tiempo se compusieron cientos de personajes y piezas (Ian es un actor nato) muy divertidos pero al mismo tiempo muy didácticos sobre los riesgos y amenazas a los que se enfrenta cualquier empleado o autónomo que utilice la tecnología para su negocio. Muchas de estas piezas pueden verse gratuitamente en LinkedIn y YouTube, y vale la pena.

Resumiendo, esta es una de tareas primordiales del directivo y probablemente aquella donde puede ser más creativo en la búsqueda de la mejor forma de impactar e influir en el comportamiento de sus equipos.

5. La gestión de vulnerabilidades como proceso continuo

En la época actual de vertiginosos cambios en el *software,* una auditoría anual no es suficiente para evaluar la seguridad de los sistemas. En la década de 1990, para verificar la robustez de los sistemas ante intentos de acceso no autorizados, se comenzó a extender una práctica que complementaba la auditoría con pruebas de campo. Fue lo que se dio en llamar *hacking* ético *(penetration testing).*

En una fase de la puesta en explotación de un nuevo sistema expuesto a Internet se contrataba a un equipo de expertos, generalmente externos e independientes, que definía las posibles amenazas e intentaba reproducirlas, testeando así la respuesta de los sistemas para encontrar las vulnerabilidades antes que los verdaderos *hackers.*

Muchos se habían iniciado en el oficio como afición o simplemente por el valor del reto que representaba vencer la seguridad de un robusto sistema diseñado como una muralla infranqueable. En ese momento las técnicas empleadas eran casi artesanales y poco conocidas. No existían cursos formales, el aprendizaje se daba en el terreno invirtiendo una gran cantidad de horas, sentido común y mucha prueba y error, pero, conociendo los límites de la auditoría de sistemas, esta tarea era un complemento necesario.

El principio sigue siendo válido hoy, pero las técnicas han cambiado mucho. En primer lugar, la práctica del *hacking* ético se ha transformado en una disciplina más dentro de la ciberseguridad y hay personas que se forman específicamente para ello, aunque luego sigan invirtiendo por su parte muchas horas en investigación para especializarse en algún tipo de vulnerabilidad o en desarrollar una técnica propia.

Por otro lado, la explosión de sistemas expuestos a Internet (la superficie de ataque) y a la hiperconectividad, pues todo está conectado con todo, hace imposible en muchos casos hacer un testeo útil solo mediante técnicas artesanales. El *hacking* ético se ha transformado en un proceso continuo y automatizado.

Además, las empresas pueden formar o contratar a *red teams,* grupos de personas que asumen el rol de enemigo empeñado en doblegar la seguridad de los sistemas, planteando permanentemente nuevos escenarios de prueba a medida que evolucionan sistemas y aplicaciones, en oposición a los *blue teams,* que intentan defender a la organización del ataque.

Pero, además, en esta tarea se ven asistidos por *softwares* que automatizan muchas de las técnicas artesanales para romper la seguridad de los sistemas simulando el comportamiento humano. Se trata de sistemas que prueban repetidamente accesos con diferentes combinaciones de contraseñas, que atacan distintos puntos de acceso de la red, que prueban usuarios y claves por defecto de los fabricantes y muchas otras cosas, liberando así un tiempo que permite al *red team* realizar tareas más relevantes.

Como hemos visto al hablar de la codificación del *software,* este proceso debería formar parte de los procedimientos de cualquier equipo que trabaje bajo la filosofía DevOps, aunque sin ella también. Pero la prueba sistemática no solo aplica a los *softwares* de aplicación; hay muchas vulnerabilidades que se pueden encontrar en las capas comunes de *software* básico en las que se sustentan: sistemas operativos, BB. DD., navegadores web, etc.

En realidad, estos sistemas, que deberían ser más estables, no lo son totalmente. Los *softwares* básicos, como Windows, Android o Linux, van evolucionando rápidamente para cubrir nuevas necesidades del mercado y se actualizan con frecuencia. En esas actualizaciones se corrigen cosas, pero también pueden introducirse nuevas vulnerabilidades: es lo que llamamos *zero day.*

Lo que hemos de saber de un *zero day* es que, cuando se libera una versión de un *software* básico sobre el que la organización no tiene ningún control, esta puede contener un fallo de seguridad desconocido, una puerta trasera por donde se puede colar un *hacker.* Es seguro que, en cuanto se publique y se difunda esta versión, miles de organizaciones criminales intentarán identificar sus posibles puntos débiles, y no para reportar altruistamente el error. Muchas organizaciones incentivan a grupos o *red teams* independientes a probar los sistemas y recibir *feedback,* pero habrá quienes se quedarán para sí con la información para explotarla en su beneficio: esto es un *zero day exploit* o *zero day attack.*

Sabiendo esto, debemos tener claro que el proceso de análisis y corrección de vulnerabilidades tiene que ser continuo, con independencia de la frecuencia con la que evolucionen las aplicaciones. Ambos niveles de *software,* aplicación y básicos, deben ser testeados y corregidos con frecuencia.

6. Transferir el riesgo restante: los ciberseguros

Las obligaciones del directivo en cuanto a ciberseguridad no estarían completas si no abordara la salvaguarda final: los seguros. Un incidente de ciberseguridad es un siniestro, una contingencia del negocio, sujeto a criterios de riesgo, y como tal es posible asegurarse contra su posibilidad. En definitiva, podemos transferir este riesgo a través de la contratación de un ciberseguro que nos ayude a lidiar con los perjuicios económicos de la concreción de la amenaza.

Como en cualquier tipo de seguro, esto no exime de responsabilidad a la compañía; por el contrario, los ciberseguros se basan en que los asegurados han sido diligentes en la implantación de medidas de ciberseguridad dentro de unos estándares razonables y que, aun así, como no es posible prever todas las posibles contingencias, están dispuestos a cubrir el riesgo remanente.

De la misma forma, el valor de la prima se corresponde con los factores de riesgo del asegurado: grado de amenazas, medidas de protección, riesgo medio y otros. La aseguradora evaluará previamente a la emisión de la póliza los estándares de ciberseguridad de la empresa. Muchas veces, tras detectar vulnerabilidades, exigirá las mejoras necesarias antes de ofrecer el seguro. Por supuesto, no cubrirá los incidentes atribuibles a la organización por dolo o intencionalidad, pero exigirá previsión para acotar los sucesos imprevistos.

Actualmente la mayoría de las compañías aseguradoras ofrecen ciberseguros para personas y pymes. Los dirigidos a personas muchas veces se ofertan en paquete *(bundle)* o como valor añadido de las pólizas de hogar, mientras que los destinados a pymes se combinan con los seguros típicos de robo, incendios y otras pérdidas patrimoniales.

Entre los servicios incluidos en estas pólizas, las aseguradoras a menudo brindan desde asistencia en la recuperación de datos, asesoramiento legal acerca de las responsabilidades con terceros y gestiones ante las autoridades hasta limpieza o sustitución de equipos afectados, procurando, ante una interrupción de los procesos, poner en marcha el negocio lo más rápidamente posible y reducir el lucro cesante.

Todos estos servicios se dan desde empresas especializadas en ciberseguridad que comparten recursos entre todos los clientes para que las primas de las pólizas resulten asequibles.

En el caso de las grandes organizaciones, estos ciberseguros son mucho más complejos y requieren un análisis de riesgo mucho más detallado por parte de las compañías. A diferencia de lo que ocurre con las pymes, es mucho más difícil establecer un límite único, lo que obliga a realizar un análisis particular para cada empresa, ya que el impacto de cada incidente tiene que estar asociado a las características del negocio o deja de ser interesante para el empresario.

Según medios especializados del sector[2], el mercado mundial actualmente mueve 7000 millones de euros en primas de ciberseguros, y se estima que seguirá creciendo hasta los 20 000-25 000 millones en 2025.

En este segmento el coste de las primas tenderá a crecer a medida que aumenta el riesgo, por lo que resulta fundamental mantenerlo acotado y demostrar la efectividad de las medidas de seguridad a través de auditorías externas y certificaciones por parte de organismos independientes.

12
LA ORGANIZACIÓN DE CIBERSEGURIDAD

1. Un nuevo modelo de organización de la tecnología de la información en la empresa

En el pasado veíamos la posición del máximo responsable de ciberseguridad de una empresa como una función centralizada cuya influencia llegaba a todos los procesos de negocio. El CISO/superusuario tenía que intervenir en la supervisión de todos los controles de acceso a todos los niveles. Era el máximo guardián de la fortaleza.

En el siguiente gráfico se muestra una estructura típica donde el superusuario desempeñaba una función, dependiente directamente del CIO, donde supervisaba funcionalmente la seguridad de los otros silos de Operaciones, Desarrollo y Soporte.

Gráfico 12.1. Estructura organizativa tradicional del departamento de Tecnología de la información en una gran organización.

Como hemos visto en capítulos anteriores, este modelo está cambiando. Si bien seguirá existiendo una capa común de acceso a los recursos que se encuentren dentro de la red de la empresa, la aparición de recursos fuera de ella o cuya seguridad proveen terceros complica la antigua visión de las cosas. El rol del CISO está cambiando y tendiendo hacia un modelo más descentralizado.

Sin embargo, la aceleración en la transformación digital de los negocios sigue haciendo evolucionar la gestión de la IT en las compañías. Como en toda etapa de transición, hay muchos modelos y variantes en desarrollo que sería largo comentar. Parece difícil encontrar en el mercado una teoría integradora de la transformación digital que no se base en una mera enumeración de tecnologías (IoT, *big data,* nube, industria 4.0, etc.) con la ciberseguridad como elemento transversal.

En los últimos años todas estas tecnologías han evolucionado en paralelo con equipos dedicados y especializados, pero con escasos puntos de contacto. Sin embargo, no hay tantos compartimentos estancos realmente, sino bastantes elementos en común. Además, la filosofía de las nuevas metodologías *agile* y DevOps nos llevan por el mismo camino. Existen algunos elementos clave que deben primar: la resiliencia de las infraestructuras, la centralidad del cliente *(customer centricity)* y el respeto a la privacidad. Este enfoque reconoce la estrecha interdependencia entre las personas, los procesos, la información y la tecnología para la transición hacia el nuevo negocio digital.

En el siguiente gráfico se resumen los principales modelos y tendencias en evolución hoy:

Gráfico 12.2. Nuevo modelo organizativo del departamento de Tecnología de la información en una gran organización.

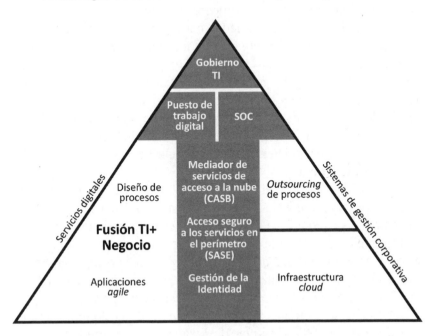

El modelo es un híbrido que combina estos componentes dentro y fuera de la organización en un enfoque holístico. Básicamente, en lugar de centrarse en desvincular y despojarse de las competencias básicas de IT, el enfoque redefine la función central de las IT. Mira en dirección al cliente interno y permite que gestione —si no diseñe— los servicios y productos.

En primer lugar, diferencia los servicios digitales. Es decir, los que, siendo digitales, forman parte de los procesos clave *(core)* de la compañía, como sistemas de pedido *online,* atención al cliente, marketing o comunicación. Por ejemplo, en una empresa de transporte de paquetería, el de seguimiento de envíos, o en una de contenidos audiovisuales, el de recomendación y selección de piezas. Es todo lo que agrega valor al cliente.

En esta función la fusión de negocios e IT une las funciones de diseño de los procesos de negocios y del *software* de aplicación en un único equipo sin que, de acuerdo con la metodología *agile* y la filosofía DevOps, prevalezca uno sobre el otro ni haya necesidad de traducir las especificaciones de negocio a las de *software*. Esto es posible porque ambas se consideran lo mismo y todos forman parte del mismo equipo: el «*software* es el negocio».

Las funciones de IT que quedan comprendidas dentro del alcance de control de estos equipos unificados son, entre otras, el diseño de procesos y la gestión del cambio, del mapa vial *(roapmap)* de versiones, de los datos y de los proveedores externos. En este contexto, la ciberseguridad es una parte integral del diseño del negocio digital desde el origen. Es lo que se conoce como *seguridad por diseño (security by design),* donde cada uno de los equipos debe proveerse del conocimiento técnico necesario para ejecutar este diseño, desde dentro o desde fuera.

En el otro extremo el enfoque agrupa los sistemas de gestión corporativa de la compañía: los ERP tradicionales, el sistema de RR. HH., los sistemas de planificación y *reporting,* es decir, todo lo referido al funcionamiento de los procesos pero que en sí no agrega valor al producto o servicio central *(core)* que es el objeto de la compañía. Estos procesos pueden externalizarse totalmente o requerir infraestructura de IT, solo que ahora esta infraestructura está en la nube.

Por eso este enfoque supone un cambio en el dominio de las operaciones de CPD. En lugar de asegurar la continuidad, lo que actualmente depende de proveedores de computación en la nube, su función principal se convierte en la transición a explotación. Se concentra en la gestión rigurosa de los servicios y en la gobernanza y mide y supervisa en función de los indicadores clave de actuación *(Key Performance Indicator [KPI])* de rendimiento.

En esta nueva concepción, basada en el predominio de los nuevos servicios digitales, ¿qué queda para las áreas centralizadas de IT? Estas funciones representan los elementos centrales de la gobernanza de la IT, que permanecen internalizados, aunque se pueden obtener algunos recursos externos según se necesite:

- El diseño de arquitectura técnica común.
- El abastecimiento estratégico (agregando necesidades de todas las áreas).
- La protección de datos y el cumplimiento regulatorio.
- Las políticas de ciberseguridad en todos los elementos de infraestructura común que utilizan los procesos de negocio.

Por debajo quedan dos funciones que pueden externalizarse en diferente grado hasta llegar al 100 %:

1. Las operaciones del puesto de trabajo digital *(digital workplace)*.
2. Las operaciones de ciberseguridad, representadas por el SOC.

El puesto de trabajo digital es la función que garantiza el despliegue y soporte de las necesidades de cada puesto de trabajo, del más simple al más complejo, junto con la provisión de todas sus herramientas de ofimática y servicios de asistencia, independientemente de dónde se encuentren los empleados y colaboradores, dado que ahora pueden estar tanto en la oficina como en casa, en la calle o en un vehículo.

El SOC seguirá gestionando la inteligencia de amenazas, anticipando los ataques, así como la seguridad de todo lo que quede dentro del perímetro, mientras que el DFIR será la fuerza de intervención rápida en caso de que se detecte cualquier peligro o compromiso de los sistemas y dispositivos. También tendrá una gran responsabilidad en la elaboración de ciberejercicios para mantener alerta al equipo y, por supuesto, en la ejecución de los tests de vulnerabilidades necesarios para la puesta en marcha o la actualización de cualquier proceso, producto o servicio digital.

Finalmente, la columna vertebral de toda la estructura pasa a ser la gestión de la red de comunicaciones, sin la cual sería imposible disponer de recursos conectados dentro y fuera de nuestra red. Debemos prepararnos para organizaciones que tendrán que gestionar una mezcla de elementos en casa y en la nube, con elementos centralizados y en el «borde», con gente trabajando en movilidad o en casa, pero también en grandes oficinas. Para funcionar, las empresas seguirán dependiendo en lo inmediato de una robusta, segura y eficiente infraestructura de red y sistemas.

A la función de pura conectividad se le añaden algunas responsabilidades clave:

- **Mediador de servicios de acceso a la nube** *(Cloud Access Service Broker [CASB])*. Garantizar el acceso autorizado de todos los usuarios a los recursos (aplicaciones, datos y procesos) que estén dentro o fuera del perímetro de la empresa.

Este servicio, basado en algunos paquetes de *software* comercial, permite establecer una especie de conmutador telefónico *(switchbox)* que conecta a los usuarios con los recursos, definiendo una política específica.

- **Acceso seguro a los servicios en el «borde» (de la red) *(Secure Access Service Edge [SASE])*.** Ofrecer controles de seguridad como un servicio de computación en la nube directamente a la fuente de conexión en lugar de a través de un CPD. Como las aplicaciones dejan de estar en el perímetro y ya no las podemos proteger, estos servicios en la nube permiten establecer un nivel de seguridad entre el usuario y el sitio donde se alojan los recursos.

- **Gestión de la identidad.** Identificar de forma precisa a todos los agentes, sean personas o sistemas, autorizados a interactuar con los sistemas corporativos. Si antes esto se hacía desde las distintas aplicaciones en sí a través del superusuario, con el nuevo modelo la identidad puede utilizarse a muchos niveles dentro y fuera del perímetro. Además, esta función responde a la complejidad implícita en la gestión de las identidades externas que pueden acceder a nuestros servicios digitales, desde consumidores finales hasta clientes corporativos, proveedores y otros.

Si bien el mundo digital nos sorprende con cientos de nuevas aplicaciones y servicios cada día, este proceso de cambio de paradigma durará años y posiblemente no se completará totalmente. Siempre quedarán algunos sistemas *in situ* por razones prácticas, especialmente en las organizaciones con necesidades más exigentes de procesamiento, almacenamiento y seguridad.

2. El nuevo rol del *Chief Information Security Officer (CISO)*

En este contexto, el CISO debe transformarse en algo más que un centinela a la espera del ataque al perímetro; debe ser un agente activo que ayude a diseñar procesos de negocio seguros desde el origen, anticipando las posibles amenazas y definiendo las tecnologías apropiadas para abordarlas. John Delk, director de operaciones (COO) de Micro Focus, lo definió así: «Proteger un servidor es muy distinto a proteger un negocio».

El CISO del futuro tendrá que ser una persona con mayor conocimiento del negocio que de la tecnología, capaz de analizar los flujos de fondos, los riesgos y la experiencia del cliente; además, habrá de saber correlacionar hechos que se producen en el mundo virtual (alertas informáticas) y en el mundo físico (controles de acceso o cámaras de vigilancia). Se trata de monitorizar a gente o procesos, no dispositivos.

Adicionalmente, siguiendo la tendencia de las redes, tenemos que llevar la seguridad al borde *(edge)* de la organización. Tradicionalmente la ciberseguridad se ha centralizado en un área dependiente del CISO, con capacidad de prevención, detección y respuesta, pero en el futuro habrá una gestión de la seguridad en distintos niveles, con autonomía y capacidades de prevención, detección y respuesta en cada uno. Por ejemplo, la microinformática o el control del parque móvil deberán gestionar su seguridad extremo a extremo, lo mismo que las áreas de servicios digitales.

El objetivo es evitar que los recursos del CISO se saturen atendiendo miles de incidencias repetitivas e irrelevantes cuando solo debería ocuparse de brechas internas o que no se hayan resuelto en otros niveles. Su función de guardián se limitará a las infraestructuras comunes que controla directamente y a aspectos institucionales, como las políticas corporativas de privacidad o protección de datos, pero su mayor valor consistirá en dar apoyo a los equipos de diseño de procesos y aplicaciones de los servicios digitales.

El nuevo CISO deberá poner a disposición de los equipos de desarrollo un catálogo de servicios internos para proteger, testear y asegurar el código de las aplicaciones que soportan los negocios digitalizados. Permitirá así ganar economía de escala, aportando a las necesidades de todos los equipos y estableciendo unos altos estándares comunes de fiabilidad.

De esta forma, la ciberseguridad se transforma en un recurso más que consumen los diferentes negocios digitales en la medida necesaria para alcanzar los objetivos de fiabilidad de cada uno. No es ya un guardia empeñado en que los negocios digitales cumplan las normas, sino un facilitador que contribuye a que se puedan llevar a cabo con total confianza.

Por ejemplo, el CISO puede implantar servicios internos o externos de:

- *Red teams.*
- DFIR.
- Escaneo/Auditoría de código.
- Escaneo de vulnerabilidades.

Los equipos de negocio pueden seleccionar y usar estas opciones durante el desarrollo y la ejecución de sus servicios digitales, garantizando la máxima eficiencia por la economía de escala y la mayor cercanía al negocio que ofrecen al ser ejecutados de forma coordinada por quien lleva el negocio.

Esto implica también una corresponsabilidad en materia de ciberseguridad. Ambas partes, por un lado el CISO y su departamento central y por otro el equipo de negocio de los servicios digitales, son responsables de alcanzar los mejores resultados juntas, cada una en su rol, con un enfoque de colaboración y no de oposición de intereses.

Todo proceso de cambio es difícil de gestionar, y siempre existe la tentación de rendirse a la inercia y de seguir trabajando como toda la vida. Pero, en la medida en la que los negocios tiendan a digitalizarse, cada vez más aplicaciones críticas empezarán a ejecutarse en infraestructuras en la nube y tanto la metodología *agile* como la filosofía DevOps tenderán a generalizarse. El CISO ha de ser un agente de cambio y preparar los procedimientos y recursos de ciberseguridad para trabajar según el nuevo paradigma.

3. La convergencia con el mundo físico

En una empresa típica, la función de ciberseguridad se desarrollaba paralelamente a la seguridad tradicional o física, entendiéndose esta como la seguridad de las personas y los activos de la compañía, se trate de inmuebles, bienes de uso o de consumo u otros.

El campo de la seguridad física comprendía a los guardias de seguridad, la videovigilancia, las alarmas de intrusión y los controles de acceso a sedes y oficinas, así como a los almacenes de materiales y vehículos. Incluía también las medidas de control contra los siniestros más comunes, entre ellos incendios, inundaciones y otras catástrofes naturales. En los últimos años ha ampliado su actuación hacia otro ámbito: la prevención de ataques terroristas.

Sin embargo, con el tiempo esto ha ido cambiando. Por un lado, los controles de seguridad física, como cualquier otra industria, tienden a digitalizarse; por otro, las amenazas físicas y virtuales a las empresas empiezan a converger y a combinarse.

Quizás parezca un argumento digno de una película, pero actualmente muchos sistemas de control de acceso físico están conectados a alguna red y, por tanto, pueden ser atacados. Una vez que el atacante toma el control del sistema, puede habilitar el acceso a intrusos capaces de provocar daños o ejecutar robos en la instalación.

Un buen ejemplo de esta combinación es el gran robo al Centro Mundial de Diamantes de Amberes, organización público-privada dedicada a facilitar la importación y exportación de diamantes. Las principales minas de diamantes del mundo tienen oficinas en su sede, así como las empresas que se dedican a su procesamiento y protección, junto con bancos, aseguradoras, artesanos e investigadores.

Para proteger los diamantes, la organización cuenta con una cámara acorazada en el segundo subsuelo equipada con una cerradura codificada, detectores infrarrojos, sensores sísmicos y un radar Doppler. Además, la rodean guardias armados. Y todo esto en un barrio de Amberes conocido como *el distrito de los diamantes,* severamente vigilado por cientos de cámaras y vigilancia durante las 24 h.

Entre el 15 y 16 de febrero de 2003 toda esa seguridad fue violada y la cámara acorazada saqueada. Los ladrones se llevaron más de 100 millones de dólares en diamantes, pero también en oro, plata y otras piezas de joyería que nunca fueron recuperados. ¿Cómo lo lograron? Todo comenzó cuando el jefe de los ladrones, Leonardo Notarbartolo, creó una identidad falsa como comerciante de diamantes y alquiló una oficina vacía dentro del Centro, lo que le permitió tener una tarjeta de identificación para acceder al edificio durante las 24 h y planificar el robo con tiempo. Pero ¿cómo hicieron los ladrones para atravesar todos los niveles de seguridad?

Utilizaron bolígrafos equipados con cámaras para tomar fotografías del Centro de manera encubierta y también ocultaron una pequeña cámara sobre la puerta de la bóveda que tomaría a los guardias al abrir y registraría la combinación usada. Luego transmitiría sus datos por radiofrecuencia a un sensor, que la banda había escondido dentro de un extintor de incendios en un almacén cercano. Este extintor era funcional, pero tenía una sección hermética en su interior que ocultaba los dispositivos electrónicos para recibir los datos de la cámara.

La víspera del robo, en una visita de rutina a la bóveda, Notarbartolo, quien seguía empleando su falsa identidad, roció con espray capilar los sensores térmicos para bloquear su capacidad de identificar las variaciones de temperatura.

El día del robo la banda consiguió acceder al edificio desde un jardín cercano a través de un punto ciego en las cámaras de seguridad. Tras usar un escudo de poliéster para engañar a los sensores térmicos, lograron desconectar las alarmas del perímetro. Después de abrir la cámara, hicieron un puente para desviar el circuito eléctrico de los sensores, dado que el efecto del espray era temporal, y cegaron los sensores de luz con cinta. Los hombres, que habían memorizado el diseño de la bóveda, trabajaron en la oscuridad; solo ocasionalmente encendieron sus luces durante un breve momento antes de colocar su taladro sobre las cajas de seguridad. Luego, escaparon por donde habían venido sin que nadie los detectara.

Notarbartolo fue arrestado tiempo después por un error que cometió al desprenderse de los materiales sobrantes del robo, que fueron encontrados en un coto de caza. Entre ellos se hallaron sobres etiquetados con el logotipo del Centro Mundial de Diamantes y el tique que el ladrón había conservado tras comprarse un sándwich. Así pudo ser rastreado hasta el local, donde una cámara había grabado su rostro. Al resto de la banda nunca se la arrestó.

El robo se hubiese podido evitar disponiendo de herramientas modernas de ciberseguridad combinadas con la seguridad tradicional.

La cara de Notarbartolo podría haberse identificado, lo mismo que su falsa identidad corroborada por diversas fuentes. Un escáner de señal podría haber identificado la cámara remota y el extintor-sensor que grababa las imágenes.

Como nos enseña este caso, se puede mejorar la seguridad general con un enfoque más integrado en el que los responsables de la seguridad física se alimenten de fuentes generadas por los sistemas de ciberseguridad, y viceversa. Incluso en el diseño de los procesos empiezan a converger ambos mundos.

Las nuevas técnicas de control de acceso y vigilancia pueden aportar mucho a los sistemas de monitorización de ciberseguridad. Intentos de acceso fallidos en los controles de acceso, digitalización y reconocimiento de imágenes, así como vigilancia en áreas amplias con drones, son fuentes de información que, en relación con otras, pueden facilitar la previsión o la detección de ataques.

Al mismo tiempo, las antiguas técnicas de seguridad física se van digitalizando. Alarmas, sensores y cámaras de vigilancia pueden comunicarse con las centrales por medio de Internet utilizando tanto enlaces fijos como redes de telefonía móvil. Los tornos y puertas electrónicas pueden conectarse con BB. DD. de los usuarios de los sistemas corporativos y compartir información de contexto. Además, los edificios inteligentes nos permiten controlar toda la infraestructura (puertas, ascensores, luz eléctrica, etc.). Pero por eso mismo todos estos recursos de seguridad física pasan a formar parte de la superficie de ataque y deben protegerse, como el resto de los sistemas y recursos informáticos más críticos. Al igual que con las otras tecnologías operacionales, hay que considerar las posibles vulnerabilidades, ponerlas a prueba y corregirlas.

En 2014 la cadena de tiendas Target en EE. UU. sufrió una intrusión informática que terminó con la sustracción de cuarenta millones de registros de clientes con sus datos financieros, incluyendo números de tarjetas de crédito. La compañía calculó el impacto económico total del incidente, entre multas, demandas y medidas de contingencia, en 202 millones de dólares.

Pero lo más sorprendente es que la intrusión se produjo a través de unas credenciales robadas a Fazio Mechanical Services, la empresa que había instalado y daba soporte a los sistemas de calefacción y aire acondicionado (HVAC) de Target.

Al parecer, Target había creado un usuario de acceso para que los operarios de Fazio monitorizaran la operación de los sistemas HVAC, actualizaran el *software,* verificaran el consumo energético y realizaran pequeños ajustes como parte de su contrato de mantenimiento.

El *hacker* consiguió primero romper los controles de Fazio y acceder a archivos digitales que contenían las claves de acceso a los sistemas en mantenimiento. En segundo lugar, usó estas credenciales para acceder al sistema HVAC. Y, finalmente, por algún error de configuración, este sistema no estaba aislado y pudo saltar al sistema de gestión de pagos, desde donde descargó la información de los clientes.

En definitiva, los propios sistemas diseñados para controlar las sedes físicas de Target se emplearon como punto débil para penetrar y robar registros informatizados de la compañía. Lo físico y lo virtual tienden a converger.

La Cybersecurity & Infrastructure Security Agency (CISA), una agencia federal del Gobierno de EE. UU., ha puesto de manifiesto la tendencia a la convergencia entre las amenazas físicas de ciberseguridad[1], dando ejemplos de situaciones producidas en numerosas empresas. Además, ha advertido sobre los desafíos de esta convergencia y ha facilitado un posible marco de trabajo para concretarla.

Gráfico 12.3. Modelo convergente entre seguridad de la información y seguridad física según la CISA.

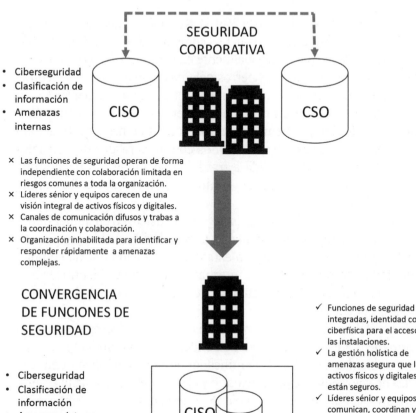

- Ciberseguridad
- Clasificación de información
- Amenazas internas

SEGURIDAD CORPORATIVA

CISO

CSO

× Las funciones de seguridad operan de forma independiente con colaboración limitada en riesgos comunes a toda la organización.
× Líderes sénior y equipos carecen de una visión integral de activos físicos y digitales.
× Canales de comunicación difusos y trabas a la coordinación y colaboración.
× Organización inhabilitada para identificar y responder rápidamente a amenazas complejas.

CONVERGENCIA DE FUNCIONES DE SEGURIDAD

- Ciberseguridad
- Clasificación de información
- Amenazas internas
- Seguridad física
- Acceso e instalaciones
- Riesgos laborales

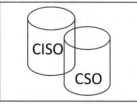

CISO
CSO

✓ Funciones de seguridad integradas, identidad común ciberfísica para el acceso a las instalaciones.
✓ La gestión holística de amenazas asegura que los activos físicos y digitales están seguros.
✓ Líderes sénior y equipos se comunican, coordinan y colaboran.
✓ Organización preparada para prevenir, mitigar y responder a amenazas.

Se reconoce que no es una tarea fácil. Hay un abismo cultural entre los responsables de la seguridad física y sus pares de la seguridad de la información, pero la tarea del administrador consiste en acercar estas posiciones y construir una relación de comunicación y colaboración imprescindible para obtener la mayor eficacia y eficiencia, especialmente en entornos críticos. Uno de los beneficios resultantes de una mayor colaboración entre ambas áreas se puede ver a continuación; se trata de la identidad.

4. El problema de la identidad en la era digital

El 5 de julio de 1993 la revista *New Yorker* publicó una famosa viñeta de Peter Steiner que generó muchos comentarios e influyó en muchas tendencias de la época, especialmente en el mundo de los medios y la publicidad. Mostraba a dos perros delante de un ordenador mientras uno le decía al otro: «En Internet nadie sabe que eres un perro».

Esta anécdota resume bien el problema de las identidades digitales. Desde siempre hemos asumido que las empresas interactúan con personas físicas, seres humanos con unos rasgos diferenciales cuya identidad real se valida a través de documentos oficiales que expresan esos datos objetivos, como la edad, el sexo, la fisonomía, las huellas dactilares y otros.

Desde el punto de vista de la seguridad física, en cualquier punto de control es necesario establecer la relación de cada persona con la compañía, lo que se basa en esta documentación oficial, complementada con acreditaciones internas, que permite identificar a la persona y relacionarla con su nivel de acceso (p. ej., a qué edificios/oficinas puede entrar).

En el mundo virtual esto no es tan fácil. Los primeros sistemas informáticos adoptaron un sistema de identificación fundamentado en dos elementos de texto: un identificador de usuario público y una contraseña solo conocida por el usuario y el sistema al que solicita acceso. Era un sistema simple que funcionó durante muchísimo tiempo, aunque tiene algunas debilidades, principalmente que, si la contraseña deja de ser privada, cualquier impostor puede asumir el rol del usuario y utilizar todos sus privilegios, con consecuencias imprevisibles.

Por supuesto, existen mecanismos para hacer más difícil la obtención de las contraseñas por parte de un intruso: reglas de construcción, longitudes mínimas, cambios frecuentes, etc., pero la privacidad depende de la concienciación: si los usuarios comparten sus claves de acceso, llevan un registro en papel o emplean criterios de formación predecibles, le facilitan mucho la tarea al atacante.

Pero todo se ha complicado más en las últimas décadas. Si antes teníamos que saber de memoria una única combinación de usuario y contraseña para acceder al sistema corporativo de nuestra organización, actualmente disponemos de decenas o cientos de identidades digitales, una por cada servicio *online* al que estamos suscritos, algunos de forma particular y otros por orden de la empresa. No hay memoria que soporte eso, y necesariamente la gente empieza a apuntar las contraseñas donde sea o (unos pocos) a utilizar *softwares* de gestión de contraseñas.

Como curiosidad, todos los años se publican varios estudios sobre las contraseñas más utilizadas que se basan en la información que reciben las compañías que desarrollan este tipo de *softwares* o a partir de BB. DD. publicadas de servicios *online* desactivados o que han sido *hackeados* y sacados de línea. ¿Qué nos enseñan esos estudios? Que si no somos estrictos en el mecanismo de formación de contraseñas, el público en general tiende a usar términos sencillos, fáciles de recordar, ligados a su contexto, pero también muy fáciles de deducir por parte de potenciales intrusos. Veamos cuáles son las diez más usadas de 2020, según el estudio de la empresa NordPass:

1. 123456
2. 123456789
3. 12345
4. qwerty
5. password
6. 12345678
7. 111111
8. 123123
9. 1234567890
10. 1234567

Como es posible imaginar, utilizando *software* específico para decodificación de contraseñas un intruso puede descubrir estas contraseñas en apenas un segundo. Los potenciales intrusos son capaces de diseñar *software* malicioso para *crackear* —llevar a cabo un *hackeo* de seguridad— las contraseñas con diferentes técnicas fundándose en métodos de «fuerza bruta» (probar todas las posibles combinaciones de texto), pero también empleando heurísticas basadas en las estadísticas de uso de contraseñas e incluso en los datos personales del usuario al que se pretende suplantar. Sabiendo esto, tenemos dos problemas: la privacidad de las contraseñas y su falta de complejidad.

Para resolverlo, en los últimos años se están desarrollando nuevos métodos que aseguren la asociación entre la identidad física y las (muchas) identidades digitales y que apuntalen las debilidades del método tradicional de usuario y contraseña. Una de las soluciones más evidentes es la biometría, que, según el diccionario de la RAE, es el «estudio mensurativo o estadístico de los fenómenos o procesos biológicos». En términos sencillos, consiste en utilizar mediciones o patrones únicos presentes en diferentes partes del cuerpo humano para identificar unívocamente a una persona: las huellas dactilares, los rasgos faciales o los patrones presentes en las retinas.

Se trata de métodos muy antiguos en el mundo físico. Así, las huellas dactilares las aplicó por primera vez como sistema de identificación en 1891 un ignoto meritorio del departamento de contabilidad de la Policía de la provincia de Buenos Aires, en Argentina, el inmigrante croata Juan Vucetich, quien se dio cuenta, basándose en los estudios realizados por Francis Galton, de que era el mecanismo estadísticamente más eficaz para diferenciar a las personas y convenció a sus superiores para emplearlo de forma sistemática.

Actualmente los sistemas informáticos pueden construir un patrón digital fundamentado en las impresiones dactilares y compararlo con un patrón base, previamente registrado, para confirmar la identidad de una persona en milisegundos. Algo similar ocurre con los escáneres oculares (muchos *smartphones* ya disponen de esta posibilidad de identificación).

En otra muestra de convergencia, los sistemas de acceso a edificios y oficinas también se basan actualmente en contraseñas digitales y en identificadores dactilares o de retina. La biometría agrega un grado adicional de certeza a la identificación tanto en el mundo virtual como en el físico.

Sin embargo, estos métodos de identificación presentan inconvenientes: algunos los consideran demasiado invasivos, en el límite de la privacidad, y además implican la comparación de los datos biométricos de la persona con un patrón fijo que, por supuesto, también puede ser robado o alterado.

Otro método para reforzar la identificación se fundamenta en el concepto de «segundo factor de identificación», que consiste en solicitar al usuario el ingreso de una segunda contraseña generada aleatoriamente por el sistema y enviada a aquel por un sistema alternativo

(SMS, llamada de voz o correo electrónico). De esta forma se garantiza que, si un intruso se apropia de la contraseña de un usuario, no podrá recibir nunca esa segunda contraseña, mandada directamente a su usuario legítimo.

Aunque reduce el riesgo y es menos invasiva, esta técnica sigue siendo posible de engañar, pues, si el intruso tiene acceso al sistema alternativo (p. ej., duplicando la tarjeta SIM de un teléfono móvil), podría suplantar a la persona real.

Sin embargo, ambos métodos también son falibles ante la intervención de una sesión abierta. A pesar de que los sistemas son capaces de cerrar las sesiones de trabajo que permanecen inactivas durante un tiempo, siempre es posible que un *hacker* tome el control de una sesión, aunque sea sentándose en el puesto de trabajo de una persona que va al servicio, y suplante al usuario autorizado. Contra eso solo valen los métodos de identificación continua, que se fundamentan en reconocer a la persona en el momento del acceso al sistema y luego establecer puntos de control con gran frecuencia para evitar la suplantación durante la sesión. Algunos de estos métodos se fundan en el vídeo: la persona, simplemente, tiene que estar todo el tiempo delante de la cámara.

A mí me tocó participar en un proyecto de investigación basado en el pulso. En 2017 Telefónica[2] convocó un concurso de intraemprendedores. Uno de los proyectos ganadores resultó PulseID, ideado por tres jóvenes ingenieros y profesionales de marketing, cuya finalidad era desarrollar un *software* capaz de identificar y mantener la continua identificación de una persona utilizando la señal infrarroja captada por un *wearable,* en este caso una pulsera digital capaz de medir las pulsaciones.

El subsiguiente trabajo de investigación, que empleó un algoritmo basado en redes neuronales, demostró que con un equipo con la precisión suficiente era posible determinar unívocamente la identidad de una persona; es decir, después de un registro, se podía comparar el patrón del pulso actual contra el previo y determinar con suficiente precisión si se había producido una suplantación. Después del acceso al sistema, mientras el *wearable* no indicara que había sido abierto o desconectado, se podía deducir que el mismo usuario seguía operando; en caso contrario, la verificación del pulso indicaría si se hubiera producido una suplantación.

Estos métodos todavía tienen mucho trabajo de desarrollo por delante para llegar a una aplicación comercial. Hay cuestiones de estándares, tamaños de memoria, robustez o duración de batería que hay que resolver, pero tienen múltiples usos y distintos fabricantes están trabajando en su producción para una gran diversidad de dispositivos: pulseras, anillos y sensores dactilares.

No obstante, esto vale para las personas, pero no todas las identidades digitales se corresponden con seres humanos. Desde hace años existen agentes de *software* que interactúan con otros sistemas imitando el accionar de un usuario físico para enviar o recibir información. Es un método básico de interoperabilidad de los sistemas, y ahí no valen los métodos biométricos.

Además de la prevención, la defensa contra los ataques de suplantación, sea de usuarios físicos o virtuales, se basa en métodos estadísticos y análisis del contexto, comparándolos con el accionar normal de un agente legítimo y cortando el acceso de un agente que se comporte de forma diferente, teniendo en cuenta los repetidos intentos de acceso, los tiempos de ejecución de cada tarea, el origen de las transmisiones, los dispositivos registrados y otras variantes.

En este contexto, lo que debe saber un directivo para gestionar la identidad digital de la forma más eficiente posible es lo siguiente:

- La mejor defensa contra una suplantación es compartimentar la información, o sea, analizar la criticidad de los datos y controlar el acceso a lo estrictamente necesario para el trabajo de cada empleado, colaborador o cliente.
- Las personas que deben tener acceso a información sensible han de contar con un método de autenticación con mayor nivel de fiabilidad (biometría, segundo factor o identificación continua).

Además, si se va a aplicar un método biométrico, resulta muy necesaria la colaboración entre los responsables de seguridad física y de ciberseguridad. Como hemos dicho, estos métodos se fundamentan en comparar patrones, y un paso fundamental es la captura del patrón base con el que se va a comparar.

Los responsables de seguridad física saben cómo garantizar que los procedimientos de captura de patrones biométricos se realicen con eficacia, cumpliendo toda la normativa en materia de privacidad.

Los responsables en ciberseguridad deben garantizar la intangibilidad de esos patrones y la eficiencia en el proceso de autenticación.

Adicionalmente, en cualquier proceso de altas y bajas de personal autorizado, ambos responsables tienen que asegurar un proceso integrado en el que las autorizaciones de acceso a los sistemas y a las instalaciones físicas estén totalmente sincronizadas. Cualquier desfase en estos procedimientos puede tener consecuencias.

El 7 de diciembre de 1987 la compañía Pacific Southwest Airlines (PSA) despidió a un trabajador, David Burke, al que una cámara había grabado robando 69 dólares de recaudación por la venta de cócteles. Burke, para disculparse y ser reincorporado, pidió una reunión con su supervisor, Ray Thompson, en las oficinas de la compañía en Los Ángeles, pero este se negó.

Unas horas después, mientras Thompson regresaba a su casa en San Francisco con otras 42 personas en el vuelo 1771 de PSA, el avión se estrelló en el condado de San Luis Obispo sin que hubiese supervivientes. La investigación ulterior del FBI demostró que Burke había subido al mismo avión con un arma y había disparado tanto a Thompson como a la tripulación y luego precipitó la aeronave a tierra.

Pero ¿cómo había logrado Burke a acceder al avión con un arma? El asesino conservaba todavía su tarjeta de empleado y los sistemas de control de acceso no se habían actualizado con motivo de su baja laboral. Había pasado por los controles de acceso a las zonas de acceso restringido, donde no había detectores de metales, sin que nadie lo molestara.

En el otro extremo, los responsables de ciberseguridad tienen que ser capaces de advertir rápidamente a las áreas de seguridad física cuando detecten que las BB. DD. de personal o terceras partes podrían haber cedido datos que faciliten el acceso a edificios o vehículos o cuando datos de la red les indiquen la posibilidad de incidencias capaces de afectar a la seguridad física de los implicados, se trate de manifestaciones, expresiones agresivas contra personas de la compañía u otras amenazas.

En definitiva, la cuestión de la identidad es un área donde los mundos físico y virtual convergen, y es nuestra responsabilidad asegurar que la organización esté preparada para dar una respuesta integrada a sus desafíos.

5. La protección de la marca y la reputación *online*

Como hemos visto en el capítulo 3, en el mundo digital las noticias falsas *(fake news)* y la propaganda negativa y la de captación *online* son amenazas muy concretas para las empresas y Administraciones. Hemos visto que una forma de contrarrestarlo pasa por la difusión de la verdad y las campañas positivas, incluyendo la concienciación.

En este aspecto no es posible construir una muralla que proteja a la empresa; la batalla se da en la mente de las personas a través de un variado conjunto de medios de comunicación y redes sociales que están fuera de nuestro control. Pero las situaciones de crisis se pueden prevenir y gestionar, y una forma eficiente de hacerlo es utilizar *software* de análisis de la reputación *online*.

Actualmente, con una variedad de *softwares* comerciales, se pueden escanear las principales redes sociales e identificar las tendencias de opinión respecto a una marca o una organización, incluso en un contexto concreto determinado por un lugar o por un hecho. Esto permite identificar posibles campañas negativas, ubicar su origen y planificar acciones de comunicación en consecuencia, e incluso dar *feedback* a las áreas de marketing o producción cuando algo no funciona correctamente.

En esta área la función del directivo es fundamental en la coordinación de la prevención y la respuesta a las crisis. Si los responsables de ciberseguridad son capaces de identificar las tendencias negativas, hay que establecer un plan de acción en conjunto con marketing, comunicación, *community managers,* canales de atención al cliente y demás departamentos involucrados. La relación de una compañía con la comunidad actualmente es multicanal.

También resulta importante disponer de procedimientos y organismos temporales para la gestión de las crisis que se puedan producir. Como indicamos en el capítulo de gestión de las sorpresas, estas se pueden producir, y tenemos que estar preparados para manejarlas.

6. Un nuevo modelo de organización en ciberseguridad

Después de repasar las principales funciones y estructuras de ciberseguridad en la empresa, podemos mapearlas de forma que veamos cómo influyen en los elementos de la cadena de riesgos que tenemos que gestionar. El resultado es el siguiente:

Gráfico 12.4. Nuevo modelo de organización en ciberseguridad

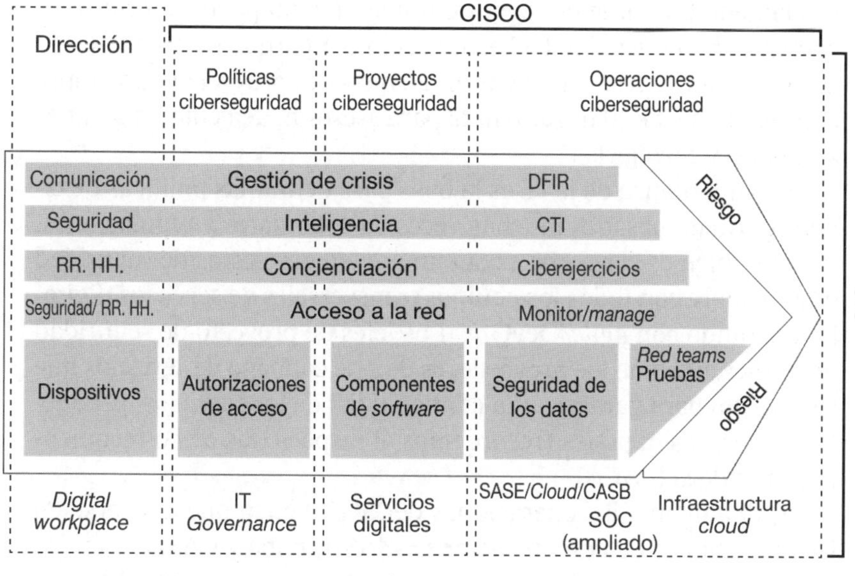

Como se puede apreciar, el CISO tiene una gran responsabilidad en la gestión de los riesgos, pero no es excluyente. Incluso supera la responsabilidad del CIO/CTO o de quien represente la máxima autoridad en materia de IT. Muchos de los procesos de gestión del riesgo no podrían ejecutarse de modo eficaz y eficiente si no contaran con la colaboración de otras áreas y una involucración efectiva de la dirección.

Por ejemplo, en la gestión de las crisis el equipo DFIR tiene un gran peso, pero una gestión brillante no valdría de nada si no tenemos políticas prestablecidas para reaccionar a los incidentes, servicios de análisis externos para analizar códigos o decisiones de negocio y, por supuesto, si no contamos con un soporte adecuado de profesionales de la comunicación.

En los aspectos de inteligencia podemos beneficiarnos de fuentes provenientes de la seguridad física de la empresa, así como en el proceso de concienciación deberemos contar con la colaboración de las áreas de RR. HH. y de los canales de comunicación interna.

Asimismo, el control de accesos a la red puede mejorar si se integra con la seguridad física y los procesos de gestión de entradas y salidas de los empleados, que generalmente maneja RR. HH.

La colaboración entre las distintas áreas de IT también resulta fundamental. El área de lugar de trabajo digital puede aportar mucho en la homogeneidad y certificación del parque de equipos, ofimática y conexiones domiciliarias, además de aprovechar su siempre cercana presencia al usuario final para asesorar, detectar situaciones anómalas y corregirlas.

La gobernanza de la IT es la base para definir las políticas de ciberseguridad, basadas muchas veces en estándares y regulaciones, pero también es clave que exista un área de proyectos de seguridad que colabore con todos los equipos transversales de servicios digitales operando con *agile*/DevOps. Los jefes de proyecto de seguridad deben actuar como los proveedores de este catálogo de servicios que se necesita para garantizar la confiabilidad de los servicios, productos y procesos digitales (recordemos al respecto las cinco recomendaciones de la ISACA).

Y, finalmente, las operaciones del SOC tienen que apoyarse en las operaciones de comunicaciones (SASE, nube y CASB) y en los gestores de la infraestructura (tanto en la nube como en CPD físicos), sobre todo para colaborar en las pruebas y el despliegue de soluciones a las vulnerabilidades que se hayan podido identificar.

Pero encima del alcance de control tanto del CISO como del CIO está la figura del alto directivo, quien debe supervisar todo el modelo de gestión de riesgos. A continuación veremos esos aspectos clave.

CONCLUSIONES

La ciberseguridad es uno de los tantos riesgos que debe gestionarse en una compañía. Que tenga más o menos peso depende de la naturaleza de los negocios de la organización y de la evolución tecnológica. A medida que en la sociedad moderna se digitaliza cada vez más la interacción entre empresas y entre estas y consumidores, más relevancia adquiere.

Obviamente, un directivo no necesita ser un especialista en todos los factores de riesgo que ha de gestionar; no se le puede pedir que sea un especialista en prevención de incendios, inteligencia antiterrorista y ciberseguridad a la vez, pero sí que tenga los antecedentes suficientes para reconocerlo y tomar medidas de mitigación basándose en las mejores prácticas y las recomendaciones de los especialistas.

Pero, así como un alcalde no daría todo el poder al jefe de bomberos, tampoco el administrador tiene que desligarse de las decisiones estratégicas en materia de ciberseguridad. Un directivo de la era digital tiene que saber valorar las posibles alternativas de solución a las diferentes amenazas en términos de las posibles consecuencias para el patrimonio tangible o intangible de la organización y poner metas altas para alcanzar los objetivos con la máxima eficiencia.

En la ciberseguridad se aplican los mismos principios de evaluación comparativa *(benchmarking)* y mejora continua que en el resto de los procesos de negocios. Además de los requisitos normativos, existen cientos de manuales y metodologías de control que podemos adoptar para fijar estas metas. En el Anexo I hacemos un breve resumen de una: las normas ISO 27000.

Las revisiones externas tienen que ayudarnos a identificar y resolver todas las no conformidades y a mejorar paso a paso los controles y su eficiencia. Los organismos de certificación y calidad son nuestro mejor aliado, lo mismo que las auditorías externas o internas. Incluso utilizando metodologías basadas en DevOps, podemos establecer un catálogo de herramientas y controles internos y externos útiles para mantener el riesgo acotado.

Dado que este factor de riesgo implica que se pueden producir actividades delictivas contra la empresa, también es importante la relación con las autoridades. En el Anexo II se detallan las instituciones públicas dedicadas a prevenir y perseguir los delitos informáticos. Aspectos muy importantes en las políticas de las compañías son la transparencia y la colaboración.

Muchas veces estos incidentes son bochornosos y afectan a la reputación de la organización, pero tanto por razones prácticas como éticas es mucho peor ocultarlos. La colaboración con el sector público y entre las propias empresas privadas ayuda a mejorar la ciberseguridad en general, aumenta la confianza y acelera la adopción de los servicios digitales más allá de que existan contratiempos puntuales.

También resulta muy importante estar pendiente de la regulación. Las normativas legales se van actualizando rápidamente a medida que avanzan los servicios digitales. Europa —y España en particular— ha sido pionera en el establecimiento de reglas para la protección de la privacidad en la era digital, y debemos estar preparados para los cambios. A modo de ejemplo, en el Anexo III detallamos algunos de los introducidos en el RGPD de 2018 y sus normas afines.

Existen además muchas otras regulaciones sectoriales: normas bancarias, de seguros, de infraestructuras críticas, de seguridad privada, de operadores en la nube y de comunicaciones. Según el sector donde operemos, el cumplimiento de estas regulaciones de forma eficiente constituye un factor importante de gestión.

Construir un discurso veraz y creíble acerca de las acciones de la organización es también muy importante para defendernos de los ataques a la marca y a la reputación a través de medios digitales. Ningún comité de crisis o comunicación de emergencia será más efectivo que tener ganada una credibilidad que haga inútil estas amenazas.

Finalmente, hemos visto que muchas tecnologías en plena explosión, como el IoT o la robótica, se encuentran aún inmaduras desde el punto de vista de la ciberseguridad. Si incorporar su visión al proceso de negocio resulta clave siempre, lo es mucho más cuando trabajamos con tecnologías de este tipo.

En definitiva, aun sin ser un especialista, el directivo puede hacer muchas cosas para establecer un marco seguro en el que los profesionales de la ciberseguridad y la empresa en general puedan desenvolverse de manera eficaz y eficiente:

- Establecer una política general de transparencia y colaboración con autoridades e industria, con altos estándares éticos y un discurso veraz y creíble.
- Desarrollar un programa continuo de concienciación, adaptado a las amenazas de cada momento.
- Enfocar la ciberseguridad como un proceso donde los especialistas tienen unas pocas funciones críticas y al que todas las líneas de negocio contribuyen.
- Determinar el grado de externalización óptimo en las actividades críticas.
- Dotar a los especialistas internos/externos de medios, según el análisis coste/beneficio, con los que construir un catálogo de herramientas para todos los responsables de negocio en la organización.
- Mitigar los riesgos que nos puedan controlar por medio de la simulación y transferir el riesgo restante a partir de ciberseguros.
- Facilitar la coordinación y la convergencia con los responsables de la seguridad física y la de todas las áreas en los momentos de crisis.

Muchas veces tenemos que gestionar situaciones para las que no contamos con un detallado conocimiento técnico, pero del directivo se espera que tenga la capacidad de captar el contexto completo del problema y fijar un criterio empresarial, delegando y supervisando las cuestiones técnicas. El político francés Georges Clemenceau, el Tigre, presidente del Gobierno de Francia durante la I Guerra Mundial, nos da un ejemplo al respecto.

El 20 de abril de 1887 un presunto espía francés, el inspector de policía Guillaume Schnaebelé, fue arrestado por la Policía secreta alemana cerca de la frontera, lo que dio lugar a un grave incidente diplomático, jaleado por la prensa de ambos países, que llevó al borde de la guerra.

Objetivamente, el ejército francés era más débil que su adversario —todavía no se había recuperado totalmente de la derrota en la guerra francoprusiana de 1870— y una guerra en ese momento podía convertirse en un desastre militar.

El general Boulanger, ministro de Guerra, sentía que la acción alemana era un ultraje pero, indeciso, fue a consultar con su amigo y mentor, Clemenceau: «No veo otra respuesta que la de un ultimátum», le dijo. Y ante esto, el político le respondió: «¡Guerra! Es un asunto demasiado serio para confiárselo a los militares». Finalmente le recomendó que respondiera con firmeza, pero sin caer en la provocación.

La respuesta de Clemenceau hoy es una cita muy utilizada porque representa esa visión más amplia del líder sobre la del experto, y una filosofía que el Tigre aplicó a lo largo de su trayectoria política. Sin ir más lejos, durante la I Guerra Mundial no dudó en imponer su criterio estratégico sobre la opinión de sus jefes militares cuando se daba cuenta de que estos iban hacia el precipicio.

Entonces, como ahora, la ciberseguridad es un asunto demasiado serio para confiársela a los expertos en ciberseguridad.

ANEXO I
ESTÁNDARES DE CIBERSEGURIDAD

Según la norma ISO 22301, que establece las mejores prácticas en la gestión de riesgos de continuidad de negocio en las empresas, existen diez grandes áreas de peligro para el negocio, de las que al menos tres están directamente relacionados con aspectos de ciberseguridad:

- Interrupciones no planificadas en IT y telecomunicaciones.
- Ciberataques.
- Brechas de datos.

Otras tres áreas de peligro al menos pueden tener una relación indirecta:

- Incidentes de seguridad.
- Actos de terrorismo.
- Nuevas leyes o regulaciones.

Solo cuatro de estas áreas de peligro se hallan más vinculadas a la gestión de los tradicionales riesgos del «mundo físico» y no virtual:

- Incidentes de salud y seguridad.
- Interrupción del suministro de red eléctrica.

- Fuego.
- Malas condiciones climatológicas.

Pero la norma ISO también enmarca unas situaciones de peligro frecuentes y recurrentes. Como veremos, todas están relacionadas con aspectos de ciberseguridad:

- Deficiente control de acceso a los sistemas informáticos.
- Existencia de vulnerabilidades web.
- Falta de formación y concienciación entre los trabajadores.
- Procesos de gestión ante incidentes de seguridad ineficaces o mal planteados.
- Problemas de adaptación a los cambios regulatorios y normativos.
- Inexistencia o insuficiente control del acceso a la red de los usuarios internos y terceros, como proveedores o invitados a la red corporativa.
- Fugas de información.
- Existencia de vulnerabilidades en los filtros informativos que provocan fraudes y robos de información.
- Uso de *software* inseguro.
- Falta de planificación en la continuidad de negocio.

Como se puede apreciar, como no podía ser de otra forma, todas las situaciones de peligro común están con la IT. Pero ¿cómo puede abordar un administrador de forma estructurada estos riesgos de empresa?

Existen metodologías estructuradas que recopilan las mejores prácticas de las compañías y las concretan en un esquema de riesgos y controles. Normalmente están orientadas a ser interpretadas y ejecutadas por profesionales especializados, pero es importante que cualquier *manager* conozca sus fundamentos y la utilidad de su implantación.

Una de las metodologías más comunes, establecida en 1996, es el *Control Objectives for Information and Related Technologies (COBIT)*, avalada por la ISACA, para ayudar a estandarizar el impacto creciente de la IT en las auditorías contables. Pero no es la única.

Desde la década de 1990 los organismos nacionales e internacionales de estándares industriales y de calidad de proceso se han involucrado en el desarrollo de estándares. De ahí ha surgido la norma ISO 27001, publicada por la Organización Internacional de Estándares (OSI) en 2005, aunque se basa en versiones previas de la organización británica de estándares BSI (BS 7799, de 1995). Esta norma establece un marco de mejores prácticas identificables y auditables para controlar la seguridad de la información y tiene la ventaja de que es certificable por terceros, auditores de calidad habilitados, lo que permite dar ante terceros un grado de confiabilidad y transparencia a la organización.

Si nos basamos en la estructura de la ISO 27001, podemos decir que las medidas de control de seguridad de la información se clasifican en... ¡catorce! categorías. Simplificadas en cinco grandes bloques, son:

1. **Cumplimiento normativo** *(compliance).* Consiste en el análisis de las normas, el desarrollo y la recopilación de toda la evidencia documental necesaria para su cumplimiento, en paralelo con la implementación de los requisitos en los sistemas de información.

    Esto en el pasado podría parecer sencillo, pero hoy hasta las compañías más pequeñas están sometidas a obligaciones regulatorias, como la Ley Orgánica de Protección. Luego hay empresas de determinados sectores y tamaños que están obligadas a cumplir reglamentos específicos.

    Existen regulaciones propias para el sector bancario y de seguros, para las empresas que gestionan infraestructuras críticas, para los operadores de telecomunicaciones y para las organizaciones que realizan actividades de alojamiento *(hosting)* de sistemas y aplicaciones de tercero y de seguridad privada, lo que afecta a numerosos sectores económicos.

    Asimismo, ISO recomienda establecer:
    ○ Una política de seguridad conocida por todos los integrantes de la compañía.
    ○ La definición de una organización de seguridad de la información.

A veces esta política y organización está sumamente ligada a la regulación, que exige unos mínimos para desarrollar ciertas actividades. Por ejemplo, el Reglamento Europeo de Protección de Datos ha impuesto recientemente la obligación de disponer de un responsable de protección de datos, identificable ante las autoridades.

2. **Control de las operaciones de procesamiento de datos.** Consiste en implementar medidas para garantizar estabilidad y previsibilidad en el procesamiento de datos. Las categorías de controles ISO que encajarían aquí serían:
   ○ Seguridad física y ambiental.
   ○ Seguridad en las operaciones.
   ○ Seguridad en las comunicaciones.
   ○ Criptografía.
   ○ Relaciones con proveedores.

Cabe recordar que la seguridad física sigue siendo un elemento fundamental de la seguridad de la información. Un motivo es que hay mucha información sensible almacenada en dispositivos «transportables» y el robo de información puede realizarse simplemente robando el dispositivo.

Recuerdo el caso real, ocurrido en 1994, de una empresa de seguros de salud en la que uno de cuyos principales activos era el archivo con los datos personales de sus afiliados: domicilios, niveles de gasto, perfiles de edad, etc. Los datos estaban almacenados en un servidor de red en una sala técnica en la oficina central, sin acceso desde el exterior. Todo parecía muy seguro.

Sin embargo, una noche el servidor se esfumó, literalmente. Al llegar la mañana, el personal comprobó que la sala técnica había sido abierta y se había sustraído el equipo. No había alarmas ni cámaras de vigilancia que alertaran a los vigilantes. La cuestión es que el activo privilegiado estaba ahora «disponible» en el mercado.

En cuanto a la seguridad de las operaciones, un ejemplo de estos controles es el establecimiento de un programa para la implantación de nuevas aplicaciones, así como establecer un control de cambios y versiones. La actualización descontrolada de versiones aumenta el «ruido» de las incidencias de los sistemas y hace imposible el seguimiento de los problemas.

La seguridad en las comunicaciones pasa a ser un elemento fundamental cuando la compañía dispone de numerosas sedes unidas a través de una red de comunicaciones propia o contratada.

La información en tránsito puede ser interceptada y utilizada en contra de la empresa.

La criptografía es un elemento esencial de la seguridad de las comunicaciones. Desde la Antigüedad se ha usado para proteger la información confidencial. Actualmente permite que la información privada circule por redes públicas sin que sea sencillo conocer su contenido.

El aspecto de la relación con proveedores es cada vez más sensible a medida que se integran las cadenas de valor en un determinado sector industrial. Muchas organizaciones «abren» sus sistemas para que terceras partes puedan recibir información sobre pedidos, pagos o incidencias, pero este acceso no puede ser ilimitado o pondrá en peligro activos digitales fundamentales o, por ejemplo, será a costa de incumplir la normativa en materia de protección de datos.

Otros ejemplos de controles básicos son:

○ Mantener actualizados los sistemas operativos y *softwares* básicos ante nuevos *releases* o mejoras de los fabricantes, así como seguir sus recomendaciones de mantenimiento.

○ Planificar la capacidad de almacenamiento y procesamiento de datos en función del volumen esperado de transacciones.

○ Establecer procesos de resguardo y recuperación de datos.

○ Disponer de procesos de registro de incidencias y soporte técnico a los usuarios.

3. **Control de las aplicaciones.** Consiste en asegurar el funcionamiento de los programas de aplicación que registran, transforman y proyectan datos del modo en el que lo requiere el negocio. Por ejemplo:

○ Programar la implantación de nuevas aplicaciones, así como establecer un control de cambios y versiones.

○ Establecer procedimientos de prueba y certificación por parte de las áreas usuarias.

○ Poner en práctica controles que garanticen la intangibilidad del código.

4. **Controles de acceso a la información según su sensibilidad.** Comprende todo el proceso de inventariar y clasificar los conjuntos

de datos de la empresa y luego determinar los niveles de acceso a ellos e implementar los controles necesarios para garantizarlos. En el lenguaje ISO esto comprende las categorías de:

○ Gestión de activos.

○ Controles de acceso.

○ Seguridad de los RR. HH.

Estos controles pueden darse a diferentes niveles:

○ Acceso a los sistemas y aplicaciones.

○ Autorizaciones de acceso a diferentes funciones de una aplicación.

○ Acceso a las BB. DD. y repositorios de información.

○ Accesos a aplicaciones de terceros (p. ej., servicios en la nube).

5. **Planificación de continuidad.** Implica prever las distintas situaciones que pueden producir una interrupción total o parcial en el procesamiento de datos y establecer alternativas para mitigar el impacto en el negocio. Entre las interrupciones parciales se puede incluir la respuesta a incidentes de seguridad; es decir, en términos ISO:

○ Aspectos de seguridad de la información en la continuidad de negocio.

○ Gestión de incidencias de seguridad de la información.

En resumen, si implementamos estas mejores prácticas en una organización del siglo XXI, según ISO, tendremos un grado razonable de certeza de que estamos haciendo lo máximo posible como administradores para gestionar los riesgos en materia de ciberseguridad.

ANEXO II
AUTORIDADES Y NORMATIVA DE CIBERSEGURIDAD EN ESPAÑA

Una de las áreas temáticas principales que debe conocer un administrador de una empresa comprende el sistema legal que la protege a ella y a los ciudadanos de las amenazas a su ciberseguridad y los organismos públicos que deben velar por ella. En el caso de las compañías, ha de conocer además los controles y medidas que están obligadas a asumir regulatoriamente para colaborar con las autoridades y que pueden ser diferentes en función del sector o del tamaño de las organizaciones.

Para un gestor es obvio conocer el funcionamiento del sistema de leyes civiles y penales, el funcionamiento de los tribunales de justicia y de las fuerzas y cuerpos de seguridad del Estado que las aplican. Los códigos penal y civil incorporan periódicamente actualizaciones sobre nuevas formas de ciberdelitos, evitando los vacíos legales, pero en el caso de la normativa referente a ciberseguridad, aunque el funcionamiento es casi igual, casi implica tener que dar a conocer algunos matices.

El Reino de España, como todas las naciones desarrolladas, da una gran prioridad a los aspectos de ciberseguridad, dada su influencia en la economía, los servicios públicos y la protección de sus ciudadanos. En los últimos años tanto las fuerzas y cuerpos de seguridad del Estado como las Fuerzas Armadas han invertido gran cantidad de recursos en formar unidades especializadas para mitigar las amenazas:

- **Centro Criptológico Nacional (CCN).** Este organismo, adscrito al Centro Nacional de Inteligencia (CNI), es responsable de coordinar la acción de los distintos organismos de la Administración pública en España «que utilicen medios o procedimientos de cifra, garantizar la seguridad de las IT en ese ámbito, informar sobre la adquisición coordinada del material criptológico y formar al personal de la Administración especialista en este campo».
- **Unidad de Investigación Tecnológica.** Desarrollada por la Policía Nacional, «asume la investigación y persecución de las actividades delictivas que impliquen la utilización de las tecnologías de la información y las comunicaciones (TIC) y el ciberdelito de ámbito nacional y transnacional, relacionadas con el patrimonio, el consumo, la protección al menor, la pornografía infantil, delitos contra la libertad sexual, contra el honor y la intimidad, redes sociales, fraudes, propiedad intelectual e industrial y seguridad lógica». Actúa como centro de prevención.
- **Grupo de Delitos Telemáticos.** Pertenece a la Guardia Civil y su competencia «alcanza todas aquellas conductas delictivas realizadas a través de los sistemas de información o contra estos, lo que se conoce popularmente como *cibercrimen*».

Hay otros organismos, no dependientes de las fuerzas del orden, que asisten al Gobierno de España en su objetivo de fomentar una mayor ciberseguridad para empresas y particulares:

- **Instituto Nacional de Ciberseguridad (INCIBE).** Funciona principalmente como un centro de investigación pública produciendo trabajos de mucha utilidad para compañías usuarias y prestadoras de servicios. Además, colabora con empresas y ciudadanos en superar incidentes en la materia por medio del INCIBE-CERT, centro de respuesta a incidentes de seguridad de referencia (excepto para aquellos sujetos a la normativa de infraestructura crítica, que supervisa el CCN).

Ubicado en la ciudad de León, el INCIBE tiene un rol fundamental en la concienciación de las pymes y fomenta, a través de distintos programas, el desarrollo de un sector industrial en España basado en la creación original de productos de *software* y servicios de ciberseguridad.

- **RED.ES/ONTSI.** Esta entidad pública desarrolla programas de impulso de la economía digital y de implantación tecnológica en los servicios públicos de la Administración ejecutando financiación de la UE (p. ej., programas de comunicaciones seguras, como el de Escuelas Conectadas). Dentro de este organismo funciona el Observatorio Nacional de Tecnología y Sociedad (ONTSI), que realiza algunos estudios e indicadores, entre otros, sobre la materia de ciberseguridad.

En cuanto a las obligaciones de las empresas, las principales son:

- **Ley Orgánica de Protección de Datos (LOPD).** Basada en el nuevo Reglamento General de Protección de Datos establecido por la UE para todos los países miembros, establece controles para salvaguardar la confidencialidad de los datos personales.
- **Ley de Seguridad de las Redes y Sistemas de Información.** Obliga a:
  a. Los operadores de servicios esenciales establecidos en España o a los servicios esenciales que los operadores residentes o domiciliados en otro estado ofrezcan a través de un establecimiento permanente situado en España.
  b. Los proveedores de servicios digitales que tengan su sede social en España.

- **Ley 8/2011, de Medidas de Protección de las Infraestructuras Críticas.** Afecta a los operadores de las infraestructuras que se determinen como críticas, consideradas aquellas cuyo funcionamiento es indispensable y no permite soluciones alternativas, por lo que su perturbación o destrucción tendría un grave impacto en los servicios esenciales.
- **Real Decreto 43/2021 (trasposición a la legislación local de la Directiva NIS de la UE).** Se basa en la ley anterior.

- **Ley 5/2014, de Seguridad Privada.** En ella aparece configurada la seguridad de la información y las comunicaciones «como actividad compatible que podrá ser desarrollada tanto por empresas de seguridad como por las que no lo sean, y que, por su incidencia directa en la seguridad de las entidades públicas y privadas, llevará implícito el sometimiento a ciertas obligaciones por parte de proveedores y usuarios».
- **Ley 34/2002, de 11 de julio, de Servicios de la Sociedad de la Información y de Comercio Electrónico.** Obliga a «los prestadores de servicios, incluidos los que actúan como intermediarios en la transmisión de contenidos por las redes de telecomunicaciones, las comunicaciones comerciales por vía electrónica y la información previa y posterior a la celebración de contratos electrónicos».

ANEXO III
REGLAMENTO GENERAL DE PROTECCIÓN DE DATOS

Desde el 25 de mayo de 2018 rige el Reglamento General de Protección de Datos (RGPD) en Europa. Paulatinamente, los diferentes estados miembros de la UE están adecuando sus normativas internas a esta reglamentación europea que, siguiendo sus mismos alineamientos, puede incluir algunas particularidades locales.

En el caso de España, la nueva Ley Orgánica de Protección de Datos entró en vigor el 5 de diciembre de 2018, clarificando y detallando algunos aspectos del Reglamento. Las nuevas obligaciones que impuso la nueva Ley a las empresas son:

- Exclusión del denominado *consentimiento tácito* al no responder a una comunicación previa de la empresa o entidad responsable del tratamiento.
- Adelanto a los trece años de la edad en la que ya pueden prestar su consentimiento personal los menores para el tratamiento de sus datos.
- Permiso para que los herederos puedan solicitar el acceso a los datos del fallecido, así como su oportuna rectificación o supresión, con sujeción, en su caso, a las instrucciones del muerto. Se prevé la posibilidad de que se puedan incorporar a un registro para su constancia y cumplimiento.

- Respecto a las «Categorías especiales de datos» (origen étnico o racial, opiniones políticas y religiosas, militancia en sindicatos, datos genéticos, relativos a la salud y a la vida sexual y condenas e infracciones penales), el solo consentimiento del afectado no bastará para levantar la prohibición del tratamiento de los datos especialmente sensibles, sino que se requerirá alguna justificación adicional (p. ej., el cumplimiento de obligaciones legales, la protección de intereses vitales del interesado o el tratamiento efectuado por una fundación, una asociación o cualquier otro organismo sin ánimo de lucro).
- Necesidad de verificabilidad del consentimiento explícito obtenido. La entidad que lo ha recogido ha de estar en condiciones de acreditar que la obtención del consentimiento respetó las directrices legales indicadas anteriormente.
- Exclusión de la imputabilidad del responsable si ha tomado todas las medidas razonables para la rectificación o supresión de los datos.
- En cuanto a listas Robinson y sistemas de videovigilancia, será lícito el tratamiento de datos de carácter personal para evitar el envío de comunicaciones comerciales a quienes hubiesen manifestado su negativa u oposición a recibirlas, al igual que los sistemas de videovigilancia, la función estadística pública y las denuncias internas en el sector privado.
- Necesidad de un delegado de protección de datos (DPO), que podrá ser una persona física o jurídica, cuya designación se debe comunicar a la Agencia Española de Protección de Datos (AEPD) en calidad de máxima autoridad competente en el ámbito nacional. En la norma nacional se tipifican varias infracciones calificadas como graves: el incumplimiento de la obligación de designar un DPO cuando sea exigible su nombramiento o no cumplimentar la efectiva participación del DPO en todas las cuestiones relativas a la protección de datos personales, no respaldarlo o interferir en el desempeño de sus funciones.
- Bloqueo cautelar de datos, que incluye la potestad de ordenarlo y la obligación inmediata de atender el derecho solicitado.

Es importante tener en cuenta estos cambios para clarificar aspectos de la aplicación del RGPD y la planificación de nuevos servicios digitales. En las Administraciones públicas se agrega, además, la obligación de cumplir las medidas relacionadas especificadas en el Esquema Nacional de Seguridad.

NOTAS

Introducción

1. «Global Cybersecurity Outlook 2022». El informe se puede descargar libremente en www3.weforum.org
2. «2021 Global Risk Management Survey. Results». AON.

Capítulo 1

1. Organismo adscrito al Centro Nacional de Inteligencia (CNI) responsable de coordinar la acción de los diferentes organismos de la Administración Pública en España: «que utilicen medios o procedimientos de cifra, garantizar la seguridad de las tecnologías de la información en ese ámbito, informar sobre la adquisición coordinada del material criptológico y formar al personal de la Administración especialista en este campo».
2. Entidad de referencia para el desarrollo de la ciberseguridad y de la confianza digital de ciudadanos, red académica y de investigación, profesionales y empresas, y especialmente para sectores estratégicos.
3. https://www.ontsi.es/sites/ontsi/files/2020-05/InformeCiberseguridadE-Confianza_Abril2020.pdf
4. Apócope de la expresión *malicious software* (*software* malicioso).
5. «¿Nos puede infectar un virus informático?». larazon.es, 5 de marzo de 2016.
6. Conjunto de instrucciones de un programa informático que se encuentra registrado en una memoria ROM, *flash* o similar.
7. Por supuesto, hay otra forma teórica de que un virus informático infecte a una persona. Para algunos, un ser humano es un conjunto de

información genética codificada en el ADN. Actualmente somos capaces de representar esa información en forma binaria para que sea procesada como cualquier otro contenido digital (secuenciación de ADN). Bajo esta consideración, sería teóricamente posible introducir un código malicioso en este programa genético y modificar comportamientos, carácter, facultades físicas, etc. Sin embargo, para el «estado del arte» de la tecnología no deja de ser un futurible, teniendo en cuenta que no conocemos todavía cómo funcionan exactamente tantas áreas de la anatomía humana. Y eso sin considerar las cuestiones éticas y morales.

Capítulo 2

1. Estafa que tiene como objetivo obtener a través de Internet datos privados de los usuarios, especialmente para acceder a sus cuentas o datos bancarios.
2. Usurpar una identidad electrónica para ocultar la propia identidad y así cometer delitos en Internet.
3. Tipo de ataque que inserta código fuente en una aplicación con fines maliciosos.
4. «Enhanced Autopilot System Could Help Prevent Accidents Like 2009 Air France 447 Crash». News & Events (rpi.edu).
5. «El volumen de datos crece más rápido que la capacidad de almacenamiento». *IT User,* 25 de marzo de 2021.
6. 2021-data-breach-investigations-report.pdf (verizon.com).
7. Personas que pertenecen a una organización y tienen acceso a la información comercial, legal, financiera o de cualquier otro tipo)
8. «The State of Cybersecurity and Digital Trust 2016». Accenture.
9. «Manhattan Project: Espionage and the Manhattan Project, 1940-1945» (osti.gov).
10. *Operaciones Especiales.* Pável Sudoplátov. Plaza & Janés, 1994.

Capítulo 3

1. https://www.incibe.es/protege-tu-empresa/guias/ciberamenazas-en-tornos-empresariales-guia-aproximacion-el-empresario
2. (https://www.texasattorneygeneral.gov/es/consumer-protection/common-scams)

Capítulo 4

1. «Does a data breach really affect your firm's reputation?», *CSO Online,* Doug Drinkwater, 7 de enero de 2016.

Capítulo 5

1. «Yo, "terrorista sospechoso"», crónica de *El Mundo*, 5 de julio de 2016.

Capítulo 6

1. Citado en *Social issues in computing*, C. C. Gottlieb y A. Borodín, Academic Press, 1973.
2. Citado en Garfinkel, Simson (1999). Abelson, Hal, ed. *Architects of the Information Society, Thirty-Five Years of the Laboratory for Computer Science at MIT*. MIT Press.

Capítulo 7

1. http://gestionyti.blogspot.com/2015/06/comunicaciones-vintage-una-red-global.html
2. Para saber más sobre el contexto de esta historia es muy recomendable el libro de *El telegrama Zimmermann,* Barbara W. Tuchman, RBA Libros, 2010.
3. Aunque algunos defienden que no hay que desarrollar un código inviolable sino uno que pueda leerse bajo orden judicial. Este debate se puede ver en el artículo «The doomed quest for the golden key» de *TechCrunch* (http://techcrunch.com/2015/03/07/the-quest-for-the-golden-key/).
4. https://www.enisa.europa.eu/activities/Resilience-and-CIIP/critical-applications/smartphone-security-1/top-ten-risks

Capítulo 8

1. *Click here to kill everybody,* Bruce Schneier. W. W. Norton & Company, 2018.

Capítulo 9

1. http://www.welivesecurity.com/la-es/2014/10/06/incidentes-de-seguridad-crecen-2014/
2. http://cso.computerworld.es/cibercrimen/las-pymes-sufren-el-70-de-los-ciberataques
3. «Hackers put a bull's-eye on small business», Robert Strohmeyer. *PC World*, 12 de agosto de 2013 (https://www.pcworld.com/article/447110/hackers-put-a-bulls-eye-on-small-business.html).
4. «Así se defiende la tienda de la esquina», *El País*, 15 de julio de 2019.
5. «300 000 pymes han sido ciberatacadas este año, la mayoría por fallos humanos». *lainformacion.com*, 26 de julio de 2021: «El informe

Escudos 2021 de la agencia española Exsel recoge que una de cada cinco pymes españolas ha sufrido algún ciberataque en el último año».

6. «Los siete mitos de la ciberseguridad en las empresas». apd.es, 27 de marzo de 2020.

Capítulo 10

1. Juan Manuel García. «Un ataque informático paraliza la operativa de Damm». *lavanguardia.com*, 11 de noviembre de 2021.
2. https://iot-analytics.com/number-connected-iot-devices/, Satyajit Sinha, 22 de septiembre de 2021
3. *Robot Cybersecurity, a review* (https://conceptechint.net/index.php/CFATI).

Capítulo 11

1. Ver notas en los medios de prensa *Bild, Suddeutsche Zeitung* y *Die Welt* y la televisión *MDR* las semanas siguientes al 6 de julio.
2. «Ciberseguro: una demanda creciente para todas las empresas». Seguros News.

Capítulo 12

1. https://www.cisa.gov/sites/default/files/publications/Cybersecurity%20and%20Physical%20Security%20Convergence_508_01.05.2021.pdf
2. Javier Esteban Zarza. «PulseID: los latidos del corazón, la próxima contraseña». *Think Big Empresas (blogthinkbig.com),* 19 de febrero de 2018.